D1618766

Kennzahlen-Handbuch
für das Personalwesen

PRAXIUM-Verlag
Kalchbühlstr. 50
CH-8038 Zürich
Tel. + 41 44 481 14 64
Fax. + 41 44 481 14 65
www.praxium.ch
mail@praxium.ch

Roger Hafner
André Polanski

Kennzahlen-Handbuch für das Personalwesen

Die wichtigsten Kennzahlen für die HR-Praxis
Hintergrundinformationen und Umsetzungshilfen
Interpretations- und Massnahmenvorschläge
Wichtige Kennziffern auch auf Excelsheet berechenbar
Inklusive Reporting und Berichtswesen-Vorlagen

PRAXIUM-Verlag, Zürich

Die Autoren

Roger Hafner arbeitet in einem mittelgrossen Unternehmen in Zürich als Personalleiter und HR-Controlling-Verantwortlicher. Er hat Praxiserfahrungen in Konzeption, Aufbau und Führung eines leistungsfähigen HR-Controllings und kennt die Anforderungen an ein HR-Kennzahlensystem aus eigener Praxis.

André Polanski, der Co-Autor, ist Personalcontroller bei einer Bank in Düsseldorf mit fundierten, jahrelangen Erfahrungen in mehreren Unternehmen und Branchen. Er ist aber auch mit der Personalplanung, der Balanced Score Card und dem HR-Berichtswesen vertraut und kennt die praxisrelevanten Anforderungen an ein HR-Kennzahlensystem daher ebenfalls bestens aus eigener Praxis.

ISBN: 978-3-9523246-5-3

2. Auflage 2015

Inhaltsverzeichnis

Vorwort

Wie entwickeln sich Schlüsselqualifikationen in unserem Unternehmen? Wie gross ist die Führungsspanne unserer Führungskräfte? Investieren wir heute wirklich mehr in die Ausbildung unserer Leute als noch vor vier Jahren? Wo haben wir unsere Bildungsziele dieses Jahr verfehlt und wo erreicht? Gibt es in der Fluktuation Unterschiede zwischen den Abteilungen? Welche HR-Dienstleistungen sind besonders gefragt? Ist die Produktivität unserer Mitarbeiter in den letzten Jahren genug stark gewachsen, um die anstehende Expansion in ausländische Märkte meistern zu können?

Fragen über Fragen, die für viele Unternehmen von grösster Bedeutung sind. Um sie zu beantworten, gibt es auch im Human Resource Management das Führungsinstrument Controlling – und hierbei wichtige Kennzahlen. Diese können über das Gelingen von Projekten entscheiden, auf Fehlentwicklungen aufmerksam machen, das Verschlafen von Trends vermeiden helfen, die Kostenentwicklungen exakt analysieren oder auf neue Bedürfnisse und Innovationen hinweisen.

Ein zuverlässiges Kennzahlensystem ist gerade im Personalwesen von besonders grosser Bedeutung. Die grösste Wertschöpfung erbringen Menschen – und ihre Talente, Spitzenleistungen, Innovationen und Ziele tragen wesentlich zum Unternehmenserfolg bei. Personalkosten sind im allgemeinen auch die höchsten. Für alle diese Bereiche ist ein Steuerungsinstrument wichtig.

Dieses Buch hilft Ihnen, ein Kennzahlensystem aufzubauen oder ein bestehendes zu optimieren. Es gibt Ihnen Instrumente, Methoden, Analyse- und Entscheidungshilfen in die Hand und nennt die wirklich praxisrelevanten HR-Kennzahlen. Kennzahlenselektion, Analysen, Interpretationen, Massnahmen, Bezüge, Reporting, Datenquellen und vieles mehr wird thematisiert.

Doch seien Sie sich auch der Grenzen von Kennzahlen bewusst. Sie bilden stets nur einen Teil der Realität ab und von dieser meistens nur die quantitativen Aspekte und Hardfacts. Quantitative Kennzahlen sind oftmals subjektiv und leicht beeinflussbar, weshalb auf sie nur unter Vorbehalt reagiert werden sollte. Und wenden Sie viel Sorgfalt und Zeit für die richtigen Analysen und Interpretationen auf – passieren hier gravierende Fehler, sind die eindrücklichsten Kennzahlen und ausgefeiltesten HR-Cockpits nutzlos. Und vor allem: Nur wenn Massnahmen folgen, Kennzahlen Handlungen und Chancennutzungen auslösen, Fehlentwicklungen stoppen und Korrekturen einleiten, erfüllen sie ihren Zweck. Fehlt die Bereitschaft, die Einsicht und der Mut zum Handeln, verkommen Kennzahlen zum wirkungslosen Selbstzweck. Insbesondere ist in Abhängigkeit vom Empfängerkreis oftmals eine kurze, eindeutige Erläuterung zur Herleitung der Kennzahlen hilfreich, um Verständnisproblemen vorzugreifen.

Roger Hafner
André Polanski
Der Verlag

Grundsätzliches zu Controlling und Kennzahlen

Die Bedeutung von Kennzahlen im Personalwesen

Die Erhebung und Analyse von Kennzahlen im Personalbereich wird für immer mehr Unternehmen wichtig, zumal der Beitrag von HR zum Unternehmenserfolg immer stärker ins Blickfeld rückt.

Im Personalmanagement werden vielfältige Steuerungsinstrumente eingesetzt. Sie dienen dazu, Mitarbeiter auszuwählen, Leistungen und Produktivität zu beurteilen, zu qualifizieren, um- oder freizusetzen und Trends frühzeitig zu erkennen und gezielte Massnahmen zu ergreifen. Im HR-Controlling ist es auf den Punkt gebracht letztlich wichtig, heute wissen, worauf es morgen ankommt.

Kennzahlen sind quantitative Daten über systemische Zustände. Sie reduzieren die komplexe Realität auf ihre wesentlichen Einflussgrössen und dienen dem Management dazu, sich möglichst schnell und präzise über ein spezifisches Aufgabenfeld zu informieren.

Abbildung der Personal-Realität im Unternehmen

Ein effektives Personalcontrolling arbeitet mit Kennzahlen, die letztendlich das Ziel und die Aufgabe haben, die "Personalrealität" eines Unternehmens akkurat abzubilden. Die Notwendigkeit zur Ermittlung von Personalkennzahlen lässt sich anhand von einigen einfachen unternehmerischen Fragestellungen und Problemen herleiten, die, unabhängig von Unternehmensgrösse und Branche, in der einen oder anderen Form überall zu beobachten sind:

- Warum verlassen so viele Mitarbeiter das Unternehmen?
- Wie hat sich die Mitarbeiterzufriedenheit entwickelt?
- Wieso ist der Krankenstand in einigen Bereichen so hoch?
- Wie hoch ist die Produktivität pro Mitarbeiter?
- Wie werden sich die Personalkosten zukünftig entwickeln?
- Weshalb sind die Fluktuations-Unterschiede zwischen einzelnen Abteilungen so gross?

Diese und weitere Fragen beantworten Personal-Kennzahlen. Doch sie weisen nicht nur auf Probleme und Gefahren hin, sondern können ebenso Chancen erkennen lassen, den Erfolg von Massnahmen belegen oder die Notwendigkeit von Innovationen unterstreichen.

Aufgaben und Schwerpunkte des Controllings

Zunächst noch einige generelle Anmerkungen, die zum besseren Verständnis des Fachbereichs und Begriffs Controlling beitragen sollen. Es existieren neben dem Personal- und Unternehmenscontrolling als Ganzes jeweils auch ein Controlling für Marketing, Finanzen und Forschung sowie für weitere Unternehmens- und Fachbereiche. Der Begriff Controlling wird oft falsch verstanden und angewendet oder zu eng gefasst. „Controller: Ach ja, das sind die, die alles und jeden kontrollieren und nur an Zahlen glauben!" – dies ist eine weit verbreitete Meinung. Ebenso die Annahme, dass Controlling sich nur auf den Finanzbereich beschränke und komplizierte Zahlengefüge zum Thema habe, die kaum jemand versteht, geschweige denn hinterfragen könne.

Definition des Controllings

„To control" oder „Controlling" kommt aus dem amerikanischen Sprachgebrauch und bedeutet sinngemäss: Beherrschung, Lenkung und Steuerung eines Vorganges. Dies hat selbstverständlich erhebliche Auswirkungen auf den eingeschlagenen Kurs eines Unternehmens oder einer HR-Strategie. Es müssen also genaue Ziele definiert sein, die in der operativen und der daraus abgeleiteten taktischen Planung ihre Berücksichtigung finden.

Entscheidet sich ein Unternehmen beispielsweise aufgrund der eingeschlagenen Unternehmensstrategie innerhalb der HR-Strategie für eine bestimmte Lohnpolitik oder ist der Know-how-Erhalt von Schlüsselpositionen von besonders grosser Bedeutung, schlägt sich dies in Zielen, Prioritäten und konkret in den Schwerpunkten und Anforderungen eines HR-Controllings nieder.

Mit der Kontrolle der Planabweichungen durch Ermittlung und Analyse schafft man die Grundlage für nunmehr zu treffende Entscheidungen. Hieraus kann sich die Notwendigkeit ergeben Korrekturmassnahmen einzuleiten oder – was stets auch möglich ist – Massnahmen zur Förderung einer positiven bestehenden und erwünschten Entwicklung zu ergreifen.

Die eingangs genannte Übersetzung und abgeleitete Definition beschreibt die Tätigkeiten des Controllings also nicht exakt genug, und vor allem darf „control" nicht einfach mit „Kontrolle" gleichgesetzt werden. Im Gegensatz zum deutschen Sprachgebrauch bedeutet Controlling wesentlich mehr als lediglich kontrollieren. Die Kontrolle ist nur eine Teilfunktion des Controllings; ihr allein fehlt der oben beschriebene Bezug zum Prozess des HR-Managements.

Ampelsystem: Abweichungen auf einen Blick erkennen

Hilfreich bei der Überwachung von Kennzahlen kann ein Ampelsystem sein. Dabei werden für jede Kennzahl drei Wertebereiche definiert:

Grüner Wertebereich: Ist der Wert der Kennzahl *besser* als der Grenzwert, so zeigt die Ampel grün.

Roter Wertebereich: Ist der Wert der Kennzahl *schlechter* als der Grenzwert, so zeigt die Ampel rot.

Gelber Wertebereich: Liegt der Wert der Kennzahl *zwischen* dem grünen und dem roten Grenzwert, so zeigt die Ampel gelb.

Die Darstellung kann in Form eines »Cockpits« erfolgen. Für jeden Kennzahlenbereich, z.B. »Qualifikation und Personalentwicklung«, gibt es ein Cockpit, das den Stand der Kennzahlen des Bereichs gemeinsam mit Hilfe der Ampelfarben verdeutlicht. Hilfreich ist es, wenn zusätzlich die Entwicklungsrichtung des Kennzahlenwertes mit Hilfe von Pfeilen angezeigt wird. Die nachfolgende Übersicht gibt die Möglichkeit, die als Beispiel dienenden Kennzahlen nach dem oben erläuterten Ampelsystem zu definieren.

Wichtig ist bei Kennzahlen auch, Begriffe klar und genau zu definieren, zum Beispiel, was man unter einem High Performer oder einem Junior Assistent wirklich versteht und in welchem Kontext diese Begriffe eingesetzt und analysiert werden. Es hat sich in der HR-Praxis von KMU-Unternehmen bewährt, sich auf etwa 12 bis 15 Kennzahlen zu konzentrieren, welche auf unternehmens- und HR-relevante Ziele und Prinzipien ausgerichtet sind. Ein Benchmark ist in der Praxis oft erst dann sinnvoll, wenn man Werte und Zahlen wirklich versteht und richtig zu interpretieren vermag, um sie in eine sinnvolle Relation zu anderen Grössen und Bereichen setzen zu können.

Bei grösseren Unternehmen mit komplexeren Strukturen ist der Detaillierungsbedarf grösser. So kann man auf einer ersten Ebene in der Rekrutierung die Anzahl Neueinstellungen im Verhältnis zur Belegschaft oder einer Abteilung setzen und auf einer zweiten Ebene untersuchen, wie viele davon auf welchen Kanälen zu welchen Kosten gewonnen wurden und wie hoch beispielsweise der Anteil von Social Media war.

Wertedefinition für ein Ampel-Überwachsungssystem

Kennzahl	Rot kritisch	Gelb beobachten	Grün OK	Ten-denz
Produktivität je Mitarbeiter		← zwischen →		↑
Teilzeitquote		← zwischen →		←→
Angestelltenquote		← zwischen →		↘
Auszubildendenquote		← zwischen →		↓
Überstundenquote		← zwischen →		↑
Quote Personalaufwand		← zwischen →		←→
MA mit Zielvereinbarung		← zwischen →		↘
MA mit variabler Vergütung		← zwischen →		↘
Fluktuationsquote		← zwischen →		↑
Gehaltssumme je MA		← zwischen →		↑
Spreizungsmesszahl		← zwischen →		↓
Quartalsdurchschnitte		← zwischen →		↓
MA-Zufriedenheitsindex		← zwischen →		←→
Fluktuationsquote		← zwischen →		←→
Eigenkündigungsquote		← zwischen →		↗
Betriebszugehörigkeit		← zwischen →		↗
Quote Vorschläge		← zwischen →		↑

Die Hauptmerkmale eines Controllingsystems

Als eine wichtige Aufgabe des Controllings kann die Beschaffung und Analyse von Informationen verstanden werden. Das Controlling soll allen am Zielprozess beteiligten Instanzen Instrumente und Informationen zur Verfügung stellen, damit sie ihre Rolle im Zielerreichungsprozess wahrnehmen können. Dieses erfordert eine enge Zusammenarbeit des Controllings mit anderen Management-Teilsystemen wie dem Organisations-, Führungs- und Informationssystem.

Das Controlling kann also als eine bereichsübergreifende Funktion in einem Unternehmen verstanden werden, die die Steuerung des Unternehmens – im Falle des Personalcontrollings in Bereichen des Human Resource Managements - unterstützt. Grundsätzlich lässt sich das Controlling in einen operativen und strategischen Bereich untergliedern. Das operative Controlling konzentriert sich auf quantifizierte Grössen als Grundlage für den Steuerungsprozess, zum Beispiel Kennzahlen zur Personalplanung oder zur Effizienzsteigerung des Personalauswahlprozesses. Das strategische Controlling bezieht die qualitativen Faktoren in den Planungsprozess mit ein, beispielsweise Kennzahlen, welche die Qualifikation und Weiterbildung von Mitarbeitern sicherstellen oder die Besetzung von Kaderpositionen aus den eigenen Reihen.

Funktionen des Controllings

Der Anspruch des Controllings als modernes und ganzheitliches Konzept der Unternehmens- und Personalsteuerung kann nur erfüllt werden, wenn einige grundsätzliche Funktionen bestehen, welche die Erfüllung aller relevanten Aufgaben sicherstellen. Nur aus der gleichzeitigen Erfüllung der Funktionen

- Planung
- Information
- Analyse
- Kontrolle
- Steuerung

kann das Controlling seinen Aufgaben gerecht werden. Diese Schwerpunktfunktionen sind in der Controllingpraxis mit permanenter Rückkopplung in der Weise verzahnt, dass die mangelnde Berücksichtigung eines Funktionsbereichs zu erheblichen Störungen oder falschen Resultaten und Kennzahlen im gesamten Controllingsystem führen kann.

Planung

Steuerung ist nur möglich, wenn feststeht, welche Zielrichtung eingeschlagen werden soll, wenn also vorab eine Unternehmensstrategie, Prioritäten und taktische und operative Ziele festgelegt sind und als Grundlage für ein HR-Controlling-Konzept verwendet werden. Solche Vorarbeiten und Weichenstellungen können in Unternehmen durch sogenannte „Objectives" erfolgen, die allen Beteiligten angeben, welche Ziele angestrebt werden.. Nur wenn die Ziele festgelegt und die Prioritäten klar sind, sind die einzelnen Verantwortlichen im Unternehmen in der Lage, ihre Entscheidungen so zu treffen, dass diese Ziele erreicht werden können. Damit Objectives für die Planung und Führung im Unternehmen anwendbar und korrekt sind, müssen sie bestimmte Anforderungen erfüllen:

- Operatonalisierbarkeit (Umsetzbarkeit) der Ziele
- Vereinbarkeit der Einzelziele mit dem Unternehmensziel
- Realistische Zielvorgaben, die Entscheidungsträger anspornen
- Partizipative Zielformulierung

Information

Damit die Zielerreichung möglich ist und Kennzahlen ein hilfreiches Führungsinstrument und Leitplanken zugleich sind, muss die Planung als Soll um das vergleichbare Ist ergänzt werden. Nur aus dem Vergleich von Plan und Ist wird die Steuerung auf Zielvorgaben hin ermöglicht und nur so lassen sich die Kurskorrekturen vornehmen. Ein kompaktes, das Wesentliche enthaltende und verständlich und transparente Informationssystem ist das Kernstück eines jeden Controllingsystems.

Es signalisiert die tatsächliche Entwicklung und zeigt auf, welche Abweichungen in der Realität gegenüber der Planung entstanden sind. Aus diesem Feedback erhalten die Entscheidungsträger die Impulse, die sie zur Steuerung und Korrektur von Fehlentwicklungen oder die Notwendigkeit von Massnahmen benötigen.

Damit diese Ziele erreicht werden können, ist es die Aufgabe des Controllers, dass den Entscheidungsträgern - primär der Geschäftsleitung und den Führungskräften eines Unternehmens - zur Einleitung von Massnahmen die erforderlichen Informationen in der notwendigen Verdichtung und Transparenz zur Verfügung gestellt werden. Den Aufbau eines funktionsfähigen Informationssystems muss der Controller zusammen mit dem Finanz- und Rechnungswesen vornehmen.

Bei der Konzipierung sind einige wichtige Grundsätze zu beachten. Zum einen sollten dem einzelnen Entscheidungsträger nur solche Informationen zur Verfügung gestellt werden, die dieser auch wirklich beeinflussen kann. Zum anderen müssen die Informationen entscheidungs- und problemorientiert aufbereitet sein. Letztlich sollten die Entscheidungsträger nur Informationen zu den Bereichen bekommen, für die seine Objectives formuliert werden.

Analyse und Kontrolle

Die Kontrolltätigkeit im Rahmen des Controllings bezieht die Bereiche der verfahrensorientierten Kontrollen (Kontrolle der Aktivitäten von Unternehmenseinheiten bei der Planerstellung, Informationsentwicklung und Gegensteuerung) und der ergebnisorientierten Kontrollen (Vergleich von Plan und Ist in einem vorgegebenen Zeitabschnitt) ein. Die Analysephase hat folgende Schwerpunkte:

- Ursachenanalyse der Abweichungen und Steuerung
- Suchen von Lösungen zur Vermeidung der Abweichungen
- Beobachtung der Auswirkungen von Massnahmen

Steuerung

Der Regelkreis der Controlling-Aktivitäten wird über die Planung, Information, Analyse und Kontrolle mit der Steuerung als Antwort auf das Feedback somit geschlossen. Aufgabe der Steuerung ist die Lenkung der zukunftsgerichteten, regulierenden Funktion des Controllings generell und des HR-Controllings im Besonderen. Die zuvor beschriebenen vorgelagerten Funktionen haben dahingegen die Aufgabe, die Zielerreichung sicherzustellen und Probleme und Chancen frühzeitig zu erkennen, ihre Einhaltung zu signalisieren und Abweichungen aufzuzeigen. Gemäss St. Galler Management-Modell bzw. deren Werkes Controller-Leitfaden sind weitere Ziele eines HR-Controllings die folgenden:

Koordination

Das Ziel der Koordination ergibt sich sowohl aus der zunehmenden Aufgabenfülle und den verschiedenen arbeitsteiligen Tätigkeiten, als auch aus der Vielzahl von Instrumenten und Systemen, die aufeinander abgestimmt werden müssen. Es können drei Koordinationsstufen auf verschiedenen Ebenen unterschieden werden: Die erste Stufe ist die Koordination der Personalplanung, die zweite die Personalkontrolle. Die umfangreichste Koordination (dritte Stufe) erfolgt zwischen dem HR-Management mit dem Gesamtunternehmen und den anderen Funktionsbereichen.

Integration der Personalarbeit in die Unternehmenssteuerung

In Bezug auf den Personalbereich meint das Integrationsziel die Einbeziehung personalwirtschaftlicher Sachverhalte in die Unternehmenspolitik von Beginn an. Der Personalbereich wird in die Lage versetzt, die Unternehmenspolitik aktiv mitzubestimmen und wird dadurch mit anderen Bereichen bei der Festlegung der Unternehmenspolitik gleichgestellt.

Früherkennung

Die Früherkennung wird als ein strategisches Personalcontrolling-Ziel in der Literatur erwähnt. Es werden vor allem die drei Bereiche Umwelt, Potenzial und Verhalten der Mitarbeiter fokussiert. Durch eine frühzeitige Erkennung und Analyse von Risiken und Chancen ist es möglich, rechtzeitig zielgerichtete Massnahmen einzuleiten.

Transparenz zum Unternehmenserfolg

Der Beitrag des HR zum Erfolg des Unternehmens sowie die Struktur und Entwicklung der Personalkosten, sollen mit Hilfe des Personalcontrollings transparent gestaltet werden.

Big Data und das HR-Controlling

Unter Big Data versteht man grundsätzlich das dank heutiger Computingpower mögliche Sammeln und Analysieren grosser auch unstrukturierter Datenmengen aus verschiedensten Quellen zum Erkennen von Gesetzmässigkeiten und Mustern, grösstenteils anhand von Korrelationen.

Mit den im Personalwesen anfallenden Daten (Mitarbeiterbeurteilung, Zielvereinbarungen, Gesprächsprotokolle, Werdegang, Leistungsdaten, Personaldossier usw.) ist dies ebenfalls möglich und kann beispielsweise Hinweise liefern zum Entwicklungspotenzial oder zu Förderentscheiden von Mitarbeitern. Aber auch das Aufspüren von Stimmungen und Talenten, neue Mitarbeiterbedürfnisse oder mit herkömmlichen Methoden nicht erkennbare Gründe für hohe Fluktuationen und das Erkennen von Tendenzen und Fehlentwicklungen sind möglich. Es ist anzunehmen, dass Big Data auch im HR-Controlling an Bedeutung zunehmen und dies in Zukunft stärker beeinflussen wird.

Mit Big Data können wertvolle Zusammenhänge aufgezeigt und sogar Prognosen erstellt werden. Aber gerade letztere sollten, vor allem in den Schlussfolgerungen, vorsichtig angegangen werden. Die neue Sparte der Person Analytics wird sich wohl auch im HR etablieren und Kennzahlensysteme verändern. Prognosen über den Erfolg von Mitarbeitern oder Bewerbern im Unternehmen auf Basis von Informationen wie Projekte, Crowd-Feedback , Zeugnisanalysen und mehr können generiert werden und so wichtige Entscheidungen wie etwa Einstellungen und Beförderungen effizienter gestalten.

Differenzierung nach Daten, Technologie und Analytics

Big Data lässt sich in die Aspekte Daten, Technologie und Analytics unterteilen. Dabei können Daten abhängig von ihrer Herkunft beispielsweise nach

- *Kerndaten* (im Unternehmen im Rahmen der Geschäftsprozesse generiert und idealerweise innerhalb des Unternehmens frei verfügbar),
- *Community-Daten* (Daten von Kunden, Zulieferern, Vertriebsstellen etc., die oft zugekauft werden müssen) und
- *offenen Daten* (im Internet online frei verfügbare Daten)

Die sinnvolle Handhabung von Big Data ist aufgrund der grossen Vielfalt von Anwendungsmöglichkeiten anspruchsvoll. Worin der Mehrwert für das Unternehmen besteht, welche Prioritäten gesetzt werden müssen, womit die Relevanz der Resultate begründet wird, die Zuverlässigkeit der Daten und Resultate, die Wahl und Beurteilung der Herkunft und Quellen und die Datenqualität als Schlüssel zum Erfolg sind nur einige wenige Beispiele wichtiger Fragen und Beurteilungsmerkmale.

Aufgabenstellungen des Personalcontrollings

Für das Personalcontrolling haben sich verschiedene Aufgabenstellungen und Zielsetzungen herausgebildet und etabliert. Sie reichen von der Personalbestandsanalyse bis hin zur Personalbewertung. Je nach Zielrichtung werden diese Aufgaben dem operativen oder dem strategischen Personalcontrolling zugeordnet. Ergebnisse des operativen Personalcontrollings lassen sich sehr oft und ohne grossen Aufwand in Kennzahlen erfassen.

Diese Kennzahlen ermöglichen die Wiedergabe relevanter Sachverhalte in messbarer, quantitativer, verdichteter Form. Hierzu lassen sich unterschiedliche Kennzahlenformen wie absolute oder relative Zahlen verwenden, die aus personalwirtschaftlich relevanten Daten gebildet werden. Zu den absoluten Zahlen gehören

- Einzelzahlen oder Summen (z. B. Gesamtzahl der Mitarbeiter)
- Differenzen (z.B. Fehlzeiten-Differenz Soll und Ist-Arbeitszeit)
- Mittelwerte (z. B. Durchschnittsalter der Mitarbeiter)
- Streuungsmasse (z. B. Abweichung über Alter der Mitarbeiter)
- Relative Zahlen lassen sich grob wie folgt zuordnen
- Indexkennzahlen (z.B. Personalkostensteigerung seit 2000)
- Gliederungszahlen (z.B. Anteil Frauen am Gesamtbestand)
- Beziehungszahlen (z.B. Anteil Eigenkündigungen zu Anteil junger Mitarbeiter)

Grundlage für Budgetierungen

Des weiteren ist Personalcontrolling bei der Personal- und Kostenplanung notwendig und liefert detaillierte Analysen, Erfahrungswerte und Entwicklungs- und Beobachtungsinformationen. Dieses kann beispielsweise Rekrutierungskosten, Personalentwicklungskosten, funktionsbezogene Personalkosten und den Personalbedarf betreffen. Ebenso können Kennzahlen bei der Begründung von Abweichungen mit Vergleichswerten zu Rate gezogen werden.

Beachtung weicher Faktoren

Eine besondere Herausforderung stellt sich bei der Erfassung "weicher Faktoren", die im Gegensatz zu „harten Faktoren" oftmals nicht auf messbaren Werten und Zahlen basieren. „Weiche Faktoren" sind nicht anhand von monetären Wertgrössen messbar, wie beispielsweise die Steigerung der Mitarbeiterzufriedenheit, Motivationsprobleme bei hohen Fluktuationsquoten oder die Identifikation mit dem Unternehmen. Da jedes Kennzahlensystem auf verifizierbare Zahlen und quantifizierbare Messgrössen fixiert ist, ist in diesem Zusammenhang häufig die Grenze der Implementierung erreicht.

HR-Einsatzbereiche und Analysefelder

Bei der Anwendung der HR-Einsatzbereiche und Analysefelder und der Strukturierung im HR-Controlling ist eine Unterteilung nach den klassischen Hauptaufgaben des Personalwesens sinnvoll. Im Regelfall lassen sich diese in die folgenden Funktionen einteilen:

- Personalentwicklung
- Personalrekrutierung
- Personaladministration
- Grundsatzregelungen

Diese Struktur kann auch im Reporting oder in Konzepten angewandt werden. Wenn dieser Aufbau überall und möglichst einheitlich verwendet wird, trägt dies beispielsweise zu mehr Übersichtlichkeit und einfacherer Orientierung und Relevanzbestimmung bei.

Personaleinsatz

Aufgabe der Personaleinsatzplanung ist es, die vorhandenen Mitarbeiter den vorgegebenen Aufgabenbereichen so zuzuordnen, dass die Aufgaben termingerecht durchgeführt werden können und die Qualifikationen der Mitarbeiter den Anforderungen der Stelle entsprechen. Sie dient dem Zweck, die betriebswirtschaftlichen Abläufe zu optimieren. Für diese Planung sollten zunächst die folgenden Faktoren genauer analysiert werden:

- Mitarbeiterqualifikation
- Arbeitsplatzbeschreibung
- Arbeitszeitverhalten

Beispiele der für diesen Bereich zu erhebenden und zu verwendenden Kennzahlen sind die folgenden:

- Abgleich zwischen Stellen- und Mitarbeiterprofil
- Produktivität
- Überstunden pro Mitarbeiter

Personalrekrutierung

Aufgabe der Personalrekrutierung ist es, die Gewinnung des erforderlichen Personals nach Zahl und Qualifikation zu den benötigten Terminen so vorzubereiten, dass sich jeweils Personalbedarf und -bestand decken. Wichtig ist dabei auch die Vertiefung dieser Kennzahlen nach Kanälen, Medien, Kosten, Aufwand, Bewerberqualität und mehr. Insbesondere der E-Recruiting-Bereiche sollte, auch im Interesse der Erfolgskontrolle, gebührend integriert sein. Beispiele hierfür sind die folgenden:

- Arbeitsmarktanalyse
- Personalwerbung
- Personalauswahl
- Personaleinstellung

Beispiele der für diesen Bereich zu erhebenden und zu verwendenden Kennzahlen sind die folgenden:

- Einstellungsquote
- Bewerber pro Personalsuchkanal
- Rekrutierungskosten pro Bewerber
- Einstellungsquote pro Recruiter
- Eigenkündigungen in Probezeit pro Recruiter

Personalerhaltung

Unter Personalerhaltung wird die Bindung des Mitarbeiters an das Unternehmen im Interesse des Unternehmens gesehen. Durch Faktoren wie beispielsweise Entwicklungsmöglichkeiten, Entlohnung, Erfolgsbeteiligung, Altersversorgung und sonstige Sozialleistungen können Mitarbeiter dauerhaft an ein Unternehmen gebunden werden.

Beispiele der für diesen Bereich zu erhebenden und zu verwendenden Kennzahlen sind die folgenden:

- Fluktuationsquote
- Wenig Eigenkündigungen auf Basis interner Gründe (z.B. niedriges Gehalt, fehlende Entwicklungsmöglichkeiten)
- Durchschnittliche Betriebszugehörigkeit
- Anzahl interner Bewerbungen

Personalfreisetzung

Ursache der Personalfreisetzung sind Entscheidungen zur Verringerung des Personalbestandes. Diese Entscheidungen können durch eine Veränderung der Beschäftigung ausgelöst werden oder durch Rationalisierung bzw. Automatisierung entstehen.. Beispiele der für diesen Bereich zu erhebenden und zu verwendenden Kennzahlen sind die folgenden:

- Freisetzungskosten pro Mitarbeiter
- Budgetentlastung pro freigesetzter Mitarbeiter
- Umsatzrückgang pro freigesetzter Mitarbeiter

Personalentwicklung

Mit der Personalentwicklung wird eine Vertiefung und Erweiterung von Kenntnissen, Fähigkeiten und Verhaltensweisen unter Berücksichtigung der Unternehmens- und Mitarbeiterinteressen angestrebt, so dass in Unternehmen ein breites Qualifikationspotential entsteht. Personalentwicklung ist dabei auch ein wichtiges Instrument zur Erhaltung der unternehmerischen Konkurrenzfähigkeit und Mitarbeiterbindung. Beispiele der zu diesem Bereich möglichen und angewandten Analysefelder sind die folgenden:

- Bildungsbereiche
- Laufbahnpläne
- Qualifikationsstruktur
- Personalanforderungen

Beispiele der für diesen Bereich zu erhebenden und zu verwendenden Kennzahlen sind die folgenden:

- Qualifikationsstruktur
- Weiterbildungszeit
- Personalentwicklungsaufwand pro Mitarbeiter
- Quote interner/externer Weiterbildungsmassnahmen
- Aufwand pro Trainertag

Personalportfolio

Sie gehören zu den Instrumenten des Personalcontrollings und verdichten und ordnen wichtige Kernaussagen in kompakter und grafischer, jedoch vereinfachter Form. Man unterscheidet das Human Resource Portfolio (Darstellung des aktuellen und geplanten Mitarbeiterpotentials), das Manager-Portfolio (Positionierung von Führungskräften und Anforderungen an diese) und das Mitarbeiterportfolio (Kombination von Beurteilung, Potentialeinschätzung und Leistungsbewertung).

Das Portfolio soll Auskunft geben über Qualität und Ausgewogenheit der Mitarbeiter im Unternehmen. Zudem kann es als Basis für Beschaffungs-, Anreiz- und Entwicklungsstrategien herangezogen werden. Humanressourcen (geistiges und körperliches Potential der Mitarbeiter) werden in die Strategieentwicklung des Unternehmens integriert, um sie im Wettbewerb optimal zu nutzen. Ein Beispiel eines konkreten Personalportfolios finden Sie nachfolgend:

workhorses	stars
deadwood	problem employees

Deadwood	Mitarbeiter, die eine tiefe Entwicklungsmotivation aufweisen
problem employees	Mitarbeiter, von denen man nicht weiss, ob sie längerfristig im Betrieb bleiben möchten
workhorses	Mitarbeiter, die stark an das Unternehmen gebunden sind, aber nur über ein geringes Entwicklungspotential verfügen
stars	hochmotivierte Mitarbeiter, die dem Unternehmen ihr Fähigkeitspotential längerfristig zur Verfügung stellen

Portfolios sind meistens in vier Felder bzw. Blöcke aufgeteilt, die einerseits Ist-Zustände, Planvorgaben oder Potentialaspekte und andererseits HR-Bereiche, Strategieschwerpunkte oder andere relevante Charakteristiken enthalten.

Personalportfolios können auch dazu dienen, Aussagen oder Schwerpunkte zu Kennzahlen-Gruppen wie Personal- oder Qualifikationsstrukturen oder Führungskräften zu veranschaulichen oder Trends und Veränderungen aufzuzeigen. Die in der Personalbeurteilung ermittelten Leistungen und Fähigkeiten der Mitarbeiter werden mit der zukünftig zu erwartenden Leistung in einem Portfolio verknüpft.

Strategienwechsel oder Reorganisationen

Auch aktuelle oder anstehende Veränderungen, Neuausrichtungen und Ereignisse wie Unternehmenszukäufe, Personalabbau-Massnahmen, Entwicklung neuer Geschäftszweige, Expansionsentscheide in ausländische Märkte und vieles mehr können Anlass, Grund oder gar Notwendigkeit sein für die Entwicklung von HR-Kennzahlen. Als Beispiel dient nachfolgend eine neu entschiedene Expansionsstrategie mit den sich stellenden Fragen und dem Informationsbedarf.

Ein Unternehmen ist erfolgreich am Markt tätig, der Umsatz wächst, und die Kapazitäten sind ausgelastet. Eine weitere Expansion ist von der Unternehmensleitung beabsichtigt. In der Folge sind zahlreiche personalrelevante Massnahmen notwendig. Folgende Fragen beschreiben das Problem:

Quantitativer Bedarf

Welcher Personalbedarf entsteht durch die weitere Expansion?

Qualitativer Bedarf

Welche Qualifikationen werden für die weitere Expansion benötigt?

Personalbedarf und -gewinnung

Wie sollen der quantitative und qualitative Personalbedarf gedeckt werden? Möglichkeiten und Alternativen: z.b. Überstunden, Leiharbeitnehmer, Qualifikationsprogramm, befristete Neueinstellungen, unbefristete Neueinstellungen.

Weitere Fragestellungen

- Wie ist die Qualität der Personalplanung?
- Wie ist die bestehende/erforderliche Qualifikationsstruktur?
- Werden potentielle Aufstiegsmöglichkeiten realisiert?
- Welchen Stellenwert haben interne Besetzungen?
- Welchen Stellenwert hat die Qualifizierung vorhandener Beschäftigter gegenüber Neueinstellungen?

Grundlagen und Prinzipien zu Kennzahlen

Kennzahlen sind Zahlen, die in konzentrierter Form über einen zahlenmässig erfassbaren betriebswirtschaftlichen Tatbestand informieren. Die Definition der wichtigsten Termini:

Daten:	einzelne, einen Sachverhalt abbildende Merkmale (Anzahl Mitarbeiter oder Teilzeitstellen)
Kennzahlen:	Kombinationen von Daten, z. B. Durchschnitt (Beschäftigte/Jahr)
Werte:	verschiedene Ausprägungen von Kennzahlen (2006 = 9.662, 2007 = 8.907)

Der Zweck und Themenbereiche von Kennzahlen

Im Controlling versteht man unter Kennzahlen die in Zahlen verdichteten Informationsgrössen. Kennzahlen sind das Ergebnis einer Reihe von miteinander kombinierten Informationen und eine Entscheidungsgrundlage für die Bestimmung von Unternehmenszielen im Allgemeinen und HR-Zielen im besonderen. Kennzahlen versuchen dabei mehrere Zwecke zu erfüllen. Sie

- verdeutlichen eigene Aktivitäten und Prozesse
- sind objektive und zuverlässige Frühwarnsysteme
- verdeutlichen erwünschte und unerwünschte Entwicklungen
- zeigen die Produktivität und Leistungsfähigkeit auf
- erhärten oder belegen Kernkompetenzen des Unternehmens
- belegen Zusammenhänge weicher und harter Erfolgsfaktoren
- verdeutlichen Schwachstellen und Fehlentwicklungen
- sind Mittel von Erfolgskontrollen und Entwicklungen
- belegen das aktuelle Leistungsniveau u.v.a.m.

Was wird wann, womit und wie verglichen?

Kennzahlen sind, für sich allein betrachtet, selten aufschlussreich oder interessant genug. Erst im Vergleich mit anderen, zum Beispiel zurückliegenden oder externen Werten oder in Vergangenheits-, Gegenwarts- und Zukunftsvergleichen werden sie zu wirklich aussagekräftigen Werten und Kompassen. Man unterscheidet

- Periodenvergleiche
- Soll/Ist-Vergleiche
- Betriebsvergleiche

Bei *Periodenvergleichen* kann es sich um Zeiträume und Zeitpunkte handeln, beispielsweise den Vergleich der Fluktuationsquote während der letzten drei Jahre.

Bei *Soll/Ist -Vergleichen* kommt der Vergleich von Ist-Daten mit Soll bzw. Planwerten zum Einsatz. Dies können zum Beispiel Kennzahlen der Mitarbeiterqualifikation im Bereich von Zielsetzungen im Personalentwicklungsbereich zu einem bestimmten Zeitpunkt sein. Oft wird auch die geplante Personalkostenentwicklung der tatsächlichen Entwicklung gegenübergestellt.

Benchmarks mit Betrieben und Branchen

Bei Betriebsvergleichen werden Unternehmen aus der gleichen Branche oder Betriebe mit beispielsweise ähnlichen Belegschaftsstrukturen verglichen (Benchmarking). Intern kann beispielsweise die Produktivität zwischen Abteilungen oder Unternehmensbereichen gegenübergestellt werden. Mit Benchmarking kann die Personalarbeit mit der Arbeit anderer Unternehmen verglichen werden, um Unterschiede und Abweichungen zu anderen Unternehmen aufzudecken und Optimierungsmöglichkeiten abzuleiten. Die richtige Auswahl des Benchmark-Partners ist erst dann möglich, wenn die richtigen, wichtigen und vergleichbaren Aspekte bekannt sind und die Definitionen der zu vergleichenden Kennzahlen identisch und einheitlich definiert sind.

Vor allem im Branchen-Benchmarking ist bei der Interpretation und bei Vergleichsgrössen Vorsicht geboten. Faktoren wie Lebenszyklus des Unternehmens (beispielsweise liegt bei einem Startup oder IT-Unternehmen die Fluktuation oft weit über dem Durchschnitt), Schwerpunkte und Art der Unternehmenskultur, die Unternehmensgrösse, Art und Charakter der Branche, sind einige Beispiele. Welcher Aspekt dabei wichtig, bzw. vergleichbar ist oder nicht, hängt von der jeweiligen Kennzahl und deren Relevanz ab.

Vor allem *Mengendaten* (Anzahl Mitarbeiter, Teilzeitmitarbeiter, *Strukturdaten* (Verhältnis männliche/weibliche Mitarbeiter, Mitarbeiter mit Führungsverantwortung), *Ereignisdaten* (Fehlzeiten-, Krankheits- oder Fluktuationsquote) und *Leistungsdaten* (Umsatz pro Mitarbeiter, Wertschöpfung pro Mitarbeiter, Überstunden) eignen sich in Benchmarking im Allgemeinen gut.

Informationsbereitstellung in Reportings

Nicht zu vernachlässigen ist die geeignete und effiziente Informationsbereitstellung (z.b. über internes Berichtswesen, Managementinformationssystem, periodische Reports) und Informationsaufbereitung. Eine gute Struktur, prägnante Sprache, gehaltvolle Zusammenfassungen, Grafiken, welche Zusammenhänge visualisieren und allenfalls je nach bestimmten Empfängergruppen differenzierte Reports und Berichte stehen hier zur Diskussion und müssen entschieden werden.

Kennzahlen-Arten

Gliederungszahlen

Eine Gesamtgrösse wird in Teilgrössen aufgegliedert, d.h. es werden Anteile eruiert. Dieses kann bei der Altersstruktur eines Betriebes die verschiedenen Altersklassen von Arbeitnehmern sein.

Beziehungszahlen

Hier werden unterschiedliche Datenarten in sinnvolle und erwünschte Beziehungen gebracht. Dabei ist der Zähler die Beobachtungszahl und der Nenner die Bezugszahl. So zum Beispiel der Unternehmensumsatz, der durch die Mitarbeiter-Anzahl dividiert wird und so den Pro-Kopf-Umsatz pro Mitarbeiter ergibt.

Messzahlen

Diese Zahlen zeigen die relative Veränderung von Daten, um die Entwicklung im Zeitvergleich besser beurteilen zu können (Pro-Kopf-Umsatz pro Mitarbeiter im Vorjahr und laufenden Jahr).

Alle Zeitachsen einbeziehen

Es ist wünschenswert, wenn Kennzahlen eine zeitliche Betrachtung der Vergangenheit, der Gegenwart und der Zukunft bzw. der Plan- und Ist-Werte beinhalten. Dadurch ergibt sich eine Entwicklung im Zeitverlauf, die für Analysen und Interpretationen aussagekräftiger und aufschlussreicher ist als eine Momentaufnahme ohne jeden Bezug. So lassen sich beispielsweise bei Fluktuationsquoten Trends ablesen oder Produktivitäts- und Leistungskennzahlen den Soll- und Planwerten gegenüberstellen. Zudem ist ein aktuelles, laufendes Jahr unter Umständen differenziert darzustellen, beispielsweise mit Quartalsunterteilungen oder Untergliederungen der Werte und Daten.

Wichtige Voraussetzungen und Regeln

Um ein leistungsfähiges und auf Dauer zuverlässiges und professionelles Kennzahlensystem aufbauen, betreiben und pflegen zu können, sollten einige wichtige Grundsätze beachtet werden.

Voraussetzungen für leistungsfähige Kennzahlensysteme

Wichtig ist, dass unternehmensindividuelle Kennzahlensysteme mit sorgfältigen Erhebungen mit System, ganzheitlich der Unternehmenskultur angepassten Interpretationen und in der Zeitraumentwicklung herausgearbeitet werden müssen. Hierbei hat sich in der Praxis folgende Vorgehensweise etabliert:

- Festlegung und Gewichtung der HR- Ziele und Themenfelder
- Festlegung der Kennzahlen und Kennzahlenbereiche
- Festlegung der Kommunikationsmittel der Kennzahlen
- Sicherung der Informationsquellen und Vergleichsgrundlagen
- Festlegung der Erhebungszeitpunkte und Erhebungsmethoden
- Auswahl der Mitarbeiter für die Erstellung der Kennzahlen
- Festlegung der Darstellung der Kennzahlenergebnisse
- Einführung eines klar organisierten Reportings
- Massnahmenpläne und Zielsetzungen

Handlungsbereitschaft als Grundvoraussetzung

Der Zweck von Kennzahlen sind nicht beeindruckende Formelgebilde und Berechnungskunststücke oder grandios gestaltete Reports mit tollen Grafiken und Schaubildern. Kennzahlen sind Entscheidungsgrundlagen für sich als notwendig erweisende Massnahmen und Aktivitäten. Erst dann, wenn Kennzahlen als Steuerungsinstrument, Frühwarnsystem und Mittel der Qualitäts- und Zielkontrolle, aber auch als Kompass von Chancen betrachtet werden, dienen sie als Grundlage und Basis wichtiger Entscheidungen und Aktivitäten. Kennzahlen können im Extremfall Alarmsignale für krasse Fehlentwicklungen oder Hinweise für Handlungsbedarf sein.

Fokussierung auf relevante Bereiche

Die Erstellung und Pflege eines Kennzahlensystems ist oft sehr aufwendig und beansprucht je nach Komplexität erhebliche personelle, zeitliche und IT-basierende Ressourcen. Dies liegt insbesondere an der meist sehr hohen Zahl benötigter Kennzahlen. Es ist daher wichtig, Prioritäten zu definieren, Ziele zu formulieren und sich für Kennzahlen zu entscheiden, die für das Unternehmen und seine Strategie, Kultur und Ziele relevant sind. Auch später kann ein System erstellt werden, mit dem das Interesse an Kennzahlen und deren Beachtung von Empfängern immer wieder neu erfragt und eruiert wird.

Gleichbleibende Standardisierung der Ermittlung

Die Ermittlung – in den Methoden und Berechnungsarten - der Kennzahlen muss standardisiert sein, d.h. die Methode der Ermittlung sollte immer die gleiche bleiben. Ist dies nicht sichergestellt, ist die Vergleichbarkeit der Daten gefährdet oder nahezu unmöglich.

Reaktionswerte definieren

Mit der oben genannten Voraussetzung ergibt sich die Erfordernis, bei jeder Kennzahl Werte zu definieren, die bei Über- oder Unterschreitung ein Eingreifen notwendig macht Hier ist dann eine gewisse Systematik von Vorteil, bei der Eingreifpunkte mit den Betroffenen zuvor definiert worden sind. Daraufhin sollte eine nochmalige Analyse und Interpretation in diesem Kreis erfolgen. Hier werden Ziele (quantitative für die Kennzahlen-Korrektur, qualitative für die Problemlösung) definiert und Optionen diskutiert. Sinnvoll ist hier auch die Vorgehensweise in zwei Schritten, bei der zunächst eine Frühwarnung (erhöhte Beachtung) definiert und dann die Verpflichtung bzw. Notwendigkeit zum Handlungsbedarf festgelegt wird.

Zuverlässigkeit des Datenmaterials

Es liegt auf der Hand, dass richtiges, zuverlässiges, aktuelles und korrekt erhobenes Datenmaterial die Grundlage für exakte Kennzahlen ist. Eine Statistik kann veraltet sein, eine Umfrage eine mangelhafte Anlage oder Konzeption haben oder Vergleichswerte können aus einer völlig unpassenden Branche stammen. Deshalb ist auf die Qualität und Korrektheit des Datenmaterials streng und permanent zu achten.

Konsistenz der Kennziffern

Gerade im Bereich Controlling wird oftmals versucht, mit permanent ausgefeilteren, verbesserten und neuen Kennzahlen Dynamik und Ideenreichtum zu beweisen. Doch dies erschwert die Beurteilung von Kennzahlen über einen längeren Zeitraum hinweg und erhöht die Fehleranfälligkeit und Mängel in der Interpretation. Deshalb sollte man bei einem einmal gewählten und verabschiedeten Kennzahlensystem vom Grundsatz und der Anlage her bleiben.

Vorsichtige und durchdachte Interpretationen

Oftmals besteht jedoch die Gefahr, für gewisse Kennzahlen die einfachsten und naheliegendsten Erklärungen zu finden. ~~Doch~~ Dieses kann jedoch zu falschen, unvollständigen und irreführenden Schlüssen führen.

Beispielsweise können die Ursachen für eine erhöhte Krankheitsquote in einer sinkenden Motivation oder verschlechterten Arbeitsmoral liegen. Ebenso möglich sind aber: Arbeitsunzufriedenheit, schlechtes Betriebsklima, Führungsprobleme, Ansteigen des Durchschnittsalters der Belegschaft, Mängel in der Arbeitssicherheit, eine besonders massive, nicht beachtete Grippewelle, physische Arbeitsbedingungen (z.B. Lärmbelastung, Unfallgefahren) und mehr. Ein weiteres Beispiel: Rückläufige Personalkosten mögen auf den ersten Blick eine erfreuliche Entwicklung sein – ebenso gut kann dafür aber der Abgang gut bezahlter Fachkräfte zur Konkurrenz verantwortlich sein. Hilfreiche Massnahmen und Mittel, um Interpretationen abzusichern, breiter abzustützen und ganzheitlich anzugehen, könnten sein:

- Gespräche mit Mitarbeitern oder HR-Fachleuten
- Studium von Fachartikeln oder Besuch von Seminaren
- Vergleich oder Analyse verwandter und ähnlicher Kennzahlen
- Berücksichtigen gesamtbetrieblicher Veränderungen
- Analysen über einen längeren Zeitraum hinweg
- Studium älterer Kennzahlen-Reports
- Vergleich mit anderen Unternehmen

Ziel und Zweck von Kennzahlen definieren

Zweck, Sinn und Ziel einer Kennzahl müssen klar sein oder zumindest allen Beteiligten (also den Erstellern und den Empfängern) erklärt werden. Oft werden Kennzahlen herangezogen, die modische Trends beweisen, beeindruckende Fachtermini aufweisen oder mathematische Genialität des Erstellers beweisen sollen. Die Grundüberlegung jeder Kennzahl kann lauten: Warum? Wie? Für wen?

Ein Beispiel: Die Mitarbeiterbindung ist für ein Unternehmen, welches hochqualifizierte Fachleute beschäftigt, von grosser Bedeutung. Die Fluktuationsrate ist aus diesem Grund besonders wichtig (*Warum?*). Sie geht an die Geschäftsleitung, den HR-Leiter und alle betroffenen Abteilungsleiter (*Für wen?*). Berechnung, Vergleiche, Sicherstellung der Aktualität, Reportingart und –häufigkeit und mehr (*Wie?*) wird von allen genau definiert.

Korrekte und fehlerfreie Berechnung sicherstellen

Dieser Grundsatz mag infolge seiner Selbstverständlichkeit banal sein. Doch wie schnell kann eine falsche Zahl aus einer falschen Liste genommen werden, eine Formeleingabe bei Excel falsch kopiert werden oder sich unter Termindruck der Reportabgabe beim Bericht, eine Kommastelle verschieben. Kennzahlen sollten nicht nur einmal, sondern zwei Mal und zwar von den Erstellern und von anderen Mitarbeitern kontrolliert werden.

Klare Verantwortlichkeiten und Zuständigkeiten

Eng mit der Korrektheit und Zuverlässigkeit von Kennzahlen verknüpft ist die Frage der Verantwortlichkeiten. Diese sind klar und von mehreren Beteiligten zu definieren: Ersteller und Beschaffer von Datenmaterial, beteiligte Personen aus dem IT-Bereich, Kennzahlen- und Berichtersteller und kontrollierende Mitarbeiter. Wichtig ist, dass immer eine Person die Gesamtverantwortung trägt und auch der Ansprechpartner für Fragen und Probleme ist.

Einbindung der Kennzahlen-Betroffenen

Werden Kennzahlen am grünen Tisch von Controllern kreiert und eingeführt, ohne Information und Einbindung Betroffener und „Kennzahlen-Lieferanten", ist dies falsch und führt zu Problemen. Einerseits haben Betroffene wichtiges Hintergrundwissen und können Zahlen und Datenmaterial aus ihrer Abteilung oder ihrem Zuständigkeitsbereich besser relativieren oder präzisieren. Das Wichtigste aber ist, sie bei der Analyse, Interpretation und Umsetzung von Massnahmen auf seiner Seite zu haben – und das gelingt nur, wenn sie von Beginn an eingebunden werden.

Verhältnismässigkeit des Aufwandes

Es besteht zuweilen auch die Gefahr einer Kennzahleninflation: Der Aussagewert ist im Verhältnis zum Erstellungs- und Auswertungsaufwand zu gering, da er bereits durch andere Kennzahlen abgedeckt oder die Kennzahl zu wenig relevant ist.

Kennzahlen-Beachtung und Interesse sicherstellen

Das Schicksal vieler Daten und Statistiken ist der Pendenzenberg und irgendwann mal die Ablage. Deshalb ist es wichtig, Kennzahlen-Empfänger einzubinden, indem man beispielsweise

- Kennzahlen-Reports diskutiert oder präsentiert
- zu Reaktionen und Stellungnahmen herausfordert
- „Kennzahl des Monats" hervorhebt und gemeinsam analysiert
- bei jedem Reporting z.B. eine Abteilung fokussiert
- die Zielsetzungen klar und transparent kommuniziert
- die Kennzahlen-Arbeit vorstellt und die Hintergründe erklärt
- Workshops und Diskussionsrunden initiiert

Akzeptanz bei Mitarbeitern

Personalcontrolling wird vielfach als reines Rationalisierungsinstrument gesehen, mit dem Ziel, Lohnkosten zu senken oder Personal abzubauen. Aus diesem Grund sind auf der Seite der Mitarbeiter oft Wiederstände auszumachen. Dem kann mit einer offenen Informationspolitik, mit Beispielen positiver Auswirkungen in konkreten Bereichen wie Personalentwicklung oder Lohnerhöhungen und mit dem Einbezug von Mitarbeitern entgegengewirkt werden.

Datenschutzproblematik

Die Gefahr einer missbräuchlichen Verwendung von Personalcontrollingdaten steigt mit der zunehmenden Komplexität des Controllingsystems. Hier ist der sorgfältige Einsatz und Gebrauch von Zahlen und Werten und die Beachtung der gesetzlichen und unternehmensinternen Datenschutzbestimmungen wichtig. Besondere Vorsicht ist unter anderem mit gesundheitlichen und persönlichen Daten – insbesondere Gehaltsdaten - geboten.

Kennzahlen können auch Chancen aufzeigen

Kennzahlen sollten nicht nur als Risikoindikatoren und Warnsysteme betrachtet werden, sondern sie bieten ebenso die Möglichkeit, Chancen, Innovationen und Herausforderungen zu erkennen oder durch die Feststellung gewisser Entwicklungen auf solche aufmerksam zu werden. So kann auch die Motivation und das Engagement Betroffener erhöht werden, wenn diese erkennen, dass Kennzahlen nicht nur Fehlentwicklungen und Gefahren aufzeigen, sondern eben so eine positive Entwicklung sichtbar machen und die daraus möglichen und realisierbaren neuen Herausforderungen und Chancen bieten. Die zeitliche Entwicklung dieser Kennzahlen ermöglicht Rückschlüsse auf die Vorteile, aber ebenso auf ein mögliches Risikopotential. Frühindikatoren messen nicht primär monetäre Daten, sondern Prozesse bzw. Aktionen, die innerhalb oder ausserhalb eines Unternehmens ablaufen, wie z.B. die Darstellung der Mitarbeiterzufriedenheit.

Aufgabenbereiche eines Kennzahlensystems

Abgeleitet von den eingangs schon erwähnten Grundfunktionen des Controllings muss ein Kennzahlensystem im Rahmen des ganzheitlichen Personalcontrollings die folgenden vier - jeweils mit einem kurzen Beispiel aufgeführten - Hauptaufgaben erfüllen:

- *Informations- und Ermittlungsfunktion* - Die Geschäftsleitung möchte über Aufwand und Kosten der Personalgewinnung informiert werden.

- *Planungsfunktion* - Um die Personalbestandsplanung vornehmen zu können, sind auch Kennzahlen-Entwicklungen des Personalnettobedarfs von Interesse.

- *Steuerungsfunktion* - Um die Effizienz der Personalentwicklungsmassnahmen steuern zu können, sind Erfolgskontroll-Kennzahlen unabdingbar.

- *Kontrollfunktion* - Monitoring der Fluktuationsentwicklung von Mitarbeitern in Schlüsselpositionen.

Professionelles Berichtswesen

Manche Kennzahl wird mit erheblichem Aufwand erhoben – aber keiner nutzt oder beachtet sie. Deshalb sind alle Kennzahlen, auch die im Rahmen des Personalcontrollings ermittelt und aufbereitet werden, in regelmässigen Abständen zu prüfen, ob sie die Anforderungen des Adressaten noch erfüllen. Solche Reviews sollten fest im Controlling verankert sein. Eine konkrete Möglichkeit bietet sich mit der Integration von Befragungen in Reportings, in welcher Ausprägung Interesse oder Nutzen der Kennzahlen beachtet werden.

Einem professionellen Reporting sollte eine besonders grosse Bedeutung beigemessen werden. Nur wenn Zahlen, Fakten und Erkenntnisse verständlich, lesbar, kompakt und stimmig kommuniziert werden, kann die notwendige Akzeptanz und das engagierte Mitdenken und Mithandeln von Mitarbeitenden, Führungskräften und der Geschäftsleitung erreicht werden. Dabei geht es um mehr als nur attraktiv gestaltete Reportings. Präsentationen, Relevanz-Fokussierung, Einbindung Beteiligter, Mitverantwortung und konkrete Handlungsbereitschaft sind nur einige Beispiele, welche die Kommunikation – die schon und vor allem auch bei der Einführung eines Kennzahlensystem wichtig ist – beeinflussen und deren Erfolg ausmachen. Nachfolgend fassen wir die wichtigsten Anforderungen und Erfolgskriterien an ein gutes Berichtswesen kurz zusammen:

Lesbarkeit und Verständlichkeit

Visuelle Elemente, eine klare, einfache Sprache, gute und übersichtliche Struktur und Fokussierung auf das Wesentliche, handlungsorientierte Zusammenfassungen, Transparenz schaffende Erläuterungen und Hintergrundinformationen sind wichtig, um Lesbarkeit und Verständlichkeit zu erzielen.

Aktualität und Zuverlässigkeit

Eigentlich eine Selbstverständlichkeit, aber ein Aspekt, der immer wieder kontrolliert werden muss. Kontrollen durch mehrere Personen, Regeln, dass Zahlen und Daten nicht älter als <Tage sein dürfen, sind hier konkrete Massnahmen, um dies sicherzustellen.

Fokussierung auf die Relevanz

Weniger ist mehr – dieser Grundsatz gilt besonders auch für das Berichtswesen des HR-Controllings. Welche Kennzahlen sind für die Unternehmensziele, die Kosteneinhaltung, die Effizienz, die Zukunft und die Erfolgs-Schlüsselgrössen des Unternehmens effektiv von Bedeutung – dies sind nur einige mögliche Entscheidungskriterien.

Planungs- und Handlungsorientierung

Kennzahlen in einem luftleeren Raum ohne Bezüge und Orientierungshilfen sind wenig aussagekräftig. Soll-Werte, Planungsvorgaben, Zeitvergleiche, Ziele gehören als Vergleichswerte dazu. Handlungen und Massnahmen sind, wie schon mehrmals betont, von grösster Bedeutung und geben HR-Kennzahlensystemen erst die eigentliche „Existenzberechtigung". In einem Standardbericht sollten Zahlen kommentiert, nach Prioritäten sortiert und mit drei bis fünf konkreten und begründeten Handlungsempfehlungen ergänzt werden.

Externe und interne Orientierungsgrössen

Interne Faktoren wie Personalkostenentwicklung, Bildungsrendite usw. sind sicher berechtigt und notwendig. Doch externe Faktoren gewinnen zusehends an Bedeutung und gehoren zu einem modernen HR-Controlling. Es sind dies Arbeitsmärkte, Gewinnung qualifizierter Mitarbeiter, Veränderungen von Arbeitnehmerbedürfnissen, um nur einige zu nennen.

Kontinuität und Zukunftsorientierung

Nur so kann sich ein HR-Controlling etablieren und die notwendige Beachtung und Akzeptanz erreichen. Eintagsfliegen hochtrabender

Kick-Off-Veranstaltungen richten mehr Schaden an als sie Nutzen stiften. Daher ist die Kontinuität im Reporting von Kurzinformationen, Reportings, Präsentationen, Terminen und Mitarbeit in bestimmten und streng einzuhaltenden Frequenzen von grosser Bedeutung.

Kennzahlen, die im Jetzt und Hier verharren und keinen Ausblick auf zukünftige Anforderungen und Veränderungen haben, verfehlen ihre Wirksamkeit ebenfalls. Intelligente Instrumente zeigen Trends auf, machen auf Gefahren und Risiken, aber auch auf Chancen aufmerksam und stellen einen Zusammenhang her mit der mittel- und langfristigen Entwicklung des Unternehmens.

Kennzahlen und Reporting auf Beachtung prüfen

Manche Kennzahl wird mit erheblichem Aufwand erhoben – aber keiner nutzt oder beachtet sie. Deshalb sind alle Kennzahlen, auch die, welche im Rahmen des Personalcontrollings ermittelt und aufbereitet werden, in regelmässigen Abständen zu prüfen, ob sie die Anforderungen des Adressaten noch erfüllen. Solche Reviews sollten fest im Controlling verankert sein.

Eine konkrete Möglichkeit bietet sich mit der Integration von Befragungen in Reportings, in welcher Ausprägung das Interesse oder der Nutzen der Kennzahlen beachtet werden. Darüber hinaus sollte auch die Effizienz der getroffenen Massnahmen analysiert werden, ob diese die Kennzahl auch in gewünschter Weise beeinflusst hat.

Gefahren und Risiken

So wertvoll ein leistungsfähiges Kennzahlen- und Controllingsystem auch sein kann, es birgt auch gewisse Risiken und Gefahren.

Kennzahlen- und Messbarkeitsgläubigkeit

So kann die Kennzahlen- und Messbarkeitsgläubigkeit dazu führen, nicht mess- und quantifizierbare Bereiche entweder zu ignorieren oder sie zu wenig in Ziele und Prioritäten einzubinden. Sozialkompetenzen, Motivationsprobleme, Kommunikationskultur und Betriebsklima sind einige Beispiele äusserst wichtiger Erfolgsfaktoren.

Sie sind durch Kennzahlen aber nur schwer messbar, zudem oftmals subjektiv und dadurch leicht zu beeinflussen. Dementsprechend sollte bei der Analyse und Festlegung der Massnahmen mit gebotener Sensibilität vorgegangen werden.

Kennzahlen als Abbild eines Teils der Realität

Eine weitere Gefahr ist der sogenannte Tunnelblick, bei dem ausser Acht gelassen wird, dass Kennzahlen nur Abbild eines Teils der Realität sind. Der Tunnelblick führt dazu, dass man sich nur noch an den von Kennzahlen erfassten Sachverhalten ausrichtet und andere Bereiche ausblendet oder nicht genügend einbezieht. Zudem darf der Stellenwert von Kennzahlen auch dahingehend als nicht zu hoch eingestuft werden, da sie einen Sachverhalt immer nur vereinfacht und komprimiert darstellen.

Gefahr der Kennzahlenfixierung

Oftmals ist auch eine Kennzahlenfixierung anzutreffen, bei der Kennzahlen zum Selbstzweck werden und deren Einhaltung oder Erreichung wichtiger wird, als der Erfolg in der betrieblichen Wirklichkeit und die Berücksichtigung des kulturellen und menschlichen Umfeldes. Dies können von der Zahlenfixierung bis hin zur Manipulationsgefahr unterschiedliche Ausprägungen sein.

Negativmanipulation und Zielsabotage

Eine weiterer Risikoaspekt ist, dass Kennzahlen eine Spielmentalität hervorrufen können, die oft auch in Budgets, Verkaufsabteilungen und Absatzplanungen anzutreffen sind.

Damit Ziele, ob bei Zielvereinbarungen oder bei Festlegungen durch das Management, nicht zu hoch gesteckt werden und man das Risiko eingeht diese nicht zu erreichen, werden Ziele bewusst unterschritten oder nicht erreicht bzw. bei der Analyse wichtige Gründe oder Zusammenhänge ausgeklammert.

Illusion der totalen Kontrolle

Ebenso nicht zu unterschätzen ist die Gefahr der Illusion der totalen Kontrolle, vor allem durch das Management oder gewisse Führungskräfte. Die Wahrnehmung der Wirklichkeit ist so auf den erwähnten Tunnelblick reduziert und der Realitätssinn wird zunehmend eingeschränkt.

Reduzierung der Mitarbeiter auf Zahlen

Zudem kann im Führungs- und Kommunikationsbereich die zu starke Betonung und Fokussierung von Kennzahlen (meistens in Bereichen der Leistung und Produktivität oder in der Führungsspanne) die Motivation negativ beeinflussen.

So kann schnell der Eindruck entstehen, dass Mitarbeiter auf Zahlen reduziert und als Quotenerfüller betrachtet werden und nur noch anerkannt wird und von Bedeutung ist, was der Erreichung der Kennzahl dient. Eine solche Gefahr fördert dann weitere Risiken wie die Manipulationsgefahr, die Kennzahlengläubigkeit und die Kontrollillusion und bringt letztlich auch ein fragwürdiges Menschenbild zum Ausdruck.

Ablauf beim Aufbau eines Kennzahlensystems

Der Aufbau eines Kennzahlensystems ist eine wichtige und anspruchsvolle Aufgabe, die systematisch und genau in Abstimmung mit gesamtbetrieblichen Prioritäten und Bedürfnissen der Empfängergruppen, zuvor auch insbesondere mit der Geschäftsleitung, erfolgen sollte.

Festlegung des Systems und der Ziele

Interessierende Sachverhalte und Ziele

Zuerst muss die Frage geklärt werden, welchen Zweck und welche Hauptziele ein Kennzahlensystem erfüllen und erreichen soll. Sind es personalwirtschaftliche, aus der Unternehmensstrategie abgeleitete Zielsetzungen oder sollen sie das Personalinformationssystem als ganzes optimieren und verbessern?

Anschliessend ist das Informationsbedürfnis externer Anspruchsgruppen (z.b. Behörden, Aktionäre) und des Managements zu analysieren, welche Faktoren von Belang sind und welche Schwerpunkte gebildet werden sollen. So kann es sein, dass das Management über Rekrutierungsabläufe und –kosten genauer informiert sein will oder die Mitarbeiterbindung und Produktivität ins Zentrum rückt. Die Festlegung der Adressaten und Empfänger muss hier bereits einfliessen. Die Auswahl von Kennzahlen ist immer auch eine Frage der Unternehmenskultur, des Mitarbeiterverständnisses und des gesamtbetrieblichen Kontextes.

Definition von Kennzahlen

Hier geht es um die präzise Formulierung der Kennzahl:

- Was soll genau erhoben werden?
- Wie wird die Kennzahl definiert?
- Welcher Aussagegehalt steckt dahinter?

Mehrdeutige Begriffe sollten einwandfrei definiert sein – zum Beispiel, was Personalentwicklung genau beinhaltet oder wie Absenzen definiert werden. Genaue Berechnungsanweisungen und Zeitraum- und Genauigkeitsanforderungen dienen der Herstellung von Vergleichbarkeit im Zeitverlauf und gegenüber Dritten (z.B. Benchmarking-Partnern).

Festlegung von Reaktionswerten

Bei der Erarbeitung und Definition von Kennzahlen ist es ratsam, gleich von Beginn an festzulegen, bei welchen negativen oder positiven Veränderungen von Kennzahlen zu reagieren ist und wann eingeschritten werden muss. Wer muss wann, wen informieren und welche genaueren Analysen und Daten aufbereiten, um beispielsweise die Ursachen für den Anstieg einer Fluktuationsquote von über XY herauszufinden und einer solchen negativen Entwicklung frühzeitig entgegenzuwirken.

Datenmaterial, Erhebung und Analyse

Bestimmung des Datenmaterials und Erhebung von Daten

Hier ist die Festlegung der Informationsquellen zu bestimmen, wie häufig diese aktualisiert und auf deren Korrektheit hin kontrolliert werden soll. Dies können Statistiken, Finanzdaten, Mitarbeiterbefragungen, Stichproben-Erhebungen, Administrationsdaten, Erfahrungszahlen und mehr sein.

Die Wahl der Erhebungsform (Vollerhebung / Stichprobe; Zeitraum / Stichtag) ist ebenso wichtig, da sie zum Beispiel den Aufwand und die Genauigkeit beeinflusst. Weiterhin müssen die Verantwortlichkeiten (durchführende Stellen, beauftragte Personen, Kontrollen, Führungsaufgaben, Abschlusskontrollen) festgelegt werden. Die Gegenüberstellung von Kosten der Erhebung und Steuerungsnutzen ist eine schwierige, aber ebenso wichtige Aufgabe. Auch die Häufigkeit der Erhebungen (wöchentlich, monatlich, jährlich) muss geklärt werden.

Analyse der Kennzahlenwerte

Die Feinanalyse der ermittelten Werte ist anspruchsvoll und die Kernaufgabe eines leistungsfähigen Kennzahlen- und Controllingsystems. Hier ist die Gegenüberstellung mit Vergleichsgrössen zur Problemanalyse und die Einordnung in Sinnzusammenhänge von Bedeutung.

Ursachenanalyse

Die Ursachenanalyse (z.B. durch Heranziehen zusätzlicher Kennzahlen, Befragungen, Mitarbeiter-Interviews, Beobachtungen) ist die erste Weichenstellung zur Massnahmenplanung. Des weiteren ist sie eine wichtige Voraussetzung zur Korrektur von Fehlentwicklungen oder Kontrolle von Zielerreichungen, beispielsweise im Bereich der Personalentwicklungskosten und effektiv erreichter Verbesserungen.

Die Festlegung der Adressaten (Entscheidungsebenen, Funktionsbereiche, Kaderebenen, Mitarbeitergruppen, nur interne oder externe Verwendungen) gehört ebenfalls zu den Aufgaben.

Aktionsplanung

Die Ableitung von Massnahmen aus Analysen und Interpretationen von Kennzahlen zur Zielerreichung wichtiger Vorgaben, zur Korrektur von Fehlentwicklungen oder der Erreichung von Teile von Unternehmenszielen ist entscheidend. Werden bei der Analyse Fehler gemacht oder fehlerhaftes Zahlenmaterial genutzt oder die Prioritäten falsch gesetzt, ist das beste Kennzahlensystem wertlos oder kann sogar mehr Schaden anrichten als seinen Zweck als Steuerungsmittel erfüllen. Die Durchführung der Massnahmen wie Überprüfung der Zielerreichung (durch Erhebung neuer Kennzahlwerte oder die Anpassung von Zielen, Massnahmen und Kennzahlen) ist ein weiterer Schritt.

Vorgehen beim Eruieren von Kennzahlen

Die Wahl der wirklich relevanten Kennzahlen ist gar nicht so einfach. Deshalb ist es besonders wichtig, systematisch und zielorientiert vorzugehen. Zu beachten sind dabei folgende Faktoren:

- Welches sind die Ziele von Abteilungen und Bereichen und wie wird welcher Erfolg gemessen.
- Wo ist es sinnvoll, die Ziele in qualitative und quantitative aufzugliedern.
- Kritisches Prüfen, ob Aufwand und Nutzen beispielsweise der Datenerhebung und anderer Aufwendungen verhältnismässig sind.
- Prüfung, ob keine Doppelspurigkeiten, bzw. ähnliche Kennzahlen bestehen.
- Wo besteht Handlungsbedarf und in welchen Bereichen ist Erfolgskontrolle gewünscht.
- Wie werden die Daten für die entsprechenden Kennzahlen gemessen: Messverfahren, Messrhythmus, Messverantwortlicher und Qualitätsprüfung.
- Regelmässige Prüfung, ob die Qualität und Zuverlässigkeit der Datenquellen unverändert sind.

- Berechnen von Kennzahlen aus diesen Daten und Erklärung an Empfänger und Entscheidungsträger, was die Kennzahl bedeutet und warum sie erhoben wird.

- Es muss Klarheit und Einverständnis darüber herrschen, was die Kennzahl aussagt und wie die verwendeten Begrifflichkeiten definiert sind.

- Welcher Zeitraum ist sinnvoll, welche Kennzahlen müssen dauerhaft erhoben, welche nur nach Einführung eines Projektes zur Erfolgskontrolle während eines Jahres.

- Regelmässige Prüfung, ob die Kennzahl für die Planung und Steuerung einer Organisationseinheit noch nützlich ist und ob noch Bedarf darnach besteht.

In manchen Fällen müssen einzelne Sachverhalte und Problemkreise genauer analysiert und hinterfragt werden. Auch dabei können Kennzahlen wertvolle Hinweise liefern und Zusammenhänge aufdecken.

Dabei sind konkrete und kritische Fragen und das Aufstellen von Hypothesen hilfreich. Vor allem bei Interpretationen und Schlussfolgerungen ist Vorsicht geboten, ob beispielsweise Ursachen-Wirkungs-Prinzipien oder die Ganzheitlichkeit der möglichen und vorliegenden Aspekte berücksichtigt wird.

Berichtswesen und Reporting

Um eine optimale Akzeptanz zu gewährleisten sind im Vorfeld die folgenden Bestimmungen wichtig:

- Empfänger (GL, externe Ansprechpartner, Mitarbeiter)
- Berichtsform (Print, E-Mail, Präsentation, Manager-Self-Service)
- Berichtsart (Zahlen, Texte, Diagrammarten)
- Berichtsfrequenz (monatlich, quartalsweise, jährlich)

Für Personalkennzahlen haben sich monatliche Kurzmitteilungen im Umfang von 2-3 Seiten und halbjährliche Präsentationen von umfangreichen Reports in der Praxis bewährt.

Empfängergruppen und Adressaten von Kennzahlen

Aufgabe des Personalcontrollings ist es, die Daten und Informationen zu erheben und in angemessener Weise zur Verfügung zu stellen, die das Unternehmen und die Mitarbeiter benötigen. Es muss deshalb auch analysiert werden, wer welche Kennzahlen braucht. Mögliche Zielgruppen sind:

- Mitarbeiter selbst
- das Team und der Teamleiter
- Abteilungsleiter
- Geschäftsführung und Verwaltungsrat

Die kritische Auseinandersetzung, welche Kennzahlen wirklich wichtig sind und welche Ziele damit erreicht werden sollen, sollte sorgfältig und umfassend angegangen werden. Allenfalls kann die Höchstzahl von Kennzahlen für jede Empfängergruppe von Beginn weg mit strengen Begründungen des Kennzahlenbedarfs verbunden, limitiert und vorgegeben werden.

Die Mitarbeiter

erhalten viele personenbezogene Informationen über ihre Gehaltsabrechnung, Bruttogehälter, Steuern, Abgaben zur Sozialversicherung, aber auch Resturlaube und Zeitkonten. Darüber hinaus können auch Kennzahlen zu Personaldienst- und -sozialleistungen und deren Nutzung oder Angaben zur Entwicklung des Vorschlagswesens für Mitarbeiter als Information interessant sein. Auch Kennzahlen zur HR-Leistungen oder zur Mitarbeiterführung können von Interesse sein und Mitarbeiter dabei auch im Entscheid von Interpretationen und Massnahmen einbezog werden.

Ein Team oder eine Abteilung

will wissen, ob es in der Lage ist, die gewünschten Aufgaben beispielsweise im Bereich von Zielvereinbarungen zu erfüllen oder ob es von der Qualifikation her für geplante Projekte genügend vorbereitet ist. Ebenso gross kann das Interesse an Lohnnebenleistungen wie die Entwicklung von Boni oder die Anteile von Sozialleistungen sein. Zudem können Kennzahlen wie Weiterbildungstage, betriebliche Verbesserungsvorschläge, Leistungsfeedback in Qualifikationen oder Kennzahlen zu Personalentwicklungsmassnahmen wichtig sein.

Teamleiter und Abteilungsleiter

brauchen für die Personaleinsatzplanung spezifische Kennzahlen. Sie sind vor allem auf Kennzahlen über Abwesenheit, Fluktuation, Personalkosten und Qualifizierung ihrer Mitarbeiter und Kennziffern zu Leistung und Produktivität angewiesen. Hier sind insbesondere auch Plan-/Ist-Analysen aus der Personalbedarfs- und Kostenplanung von Interesse.

Die Unternehmensleitung

braucht im Allgemeinen aggregierte Zahlen, die für die generelle Ausrichtung des Unternehmens und strategische Fragen wichtig sind. So spielen die gesamten Personalkosten und die Produktivität, die Qualifikationsstruktur für die Erhaltung und den Ausbau von Kernkompetenzen oder demografische Kennzahlen eine wichtige Rolle. Insbesondere grosse Unternehmen stehen im Rampenlicht der Öffentlichkeit oder haben gegenüber Aktionären Informationsverpflichtungen. Schnell ins öffentliche Interesse geraten beispielsweise auch Meldungen über Entlassungen sowie Informationen zur Anzahl der Beschäftigten, Schwerbehinderten oder Auszubildenden.

So sind *externe Shareholder oder Interessengruppen* wie Medien, Investoren, Behörden oft ebenfalls an Personalkennzahlen interessiert.

Die Nachfrage nach Kennziffern kann mit einer Befragung, Präsentation und anschliessender Diskussion - verbunden mit einem Workshop - spezifisch und genauer ermittelt werden. Dabei sind die folgenden Punkte zu berücksichtigen, die gerade bei einem eher komplexen und vielschichtigen Thema wie Kennzahlen von Bedeutung sind:

* Vor dem Workshop wird ein Ist-Zustand definiert, den ein Unternehmen ändern bzw. verbessern möchte, beispielsweise die fünf wichtigsten Kernbereiche und −ziele bei der Anwendung und Evaluierung von Kennzahlen.
* Ein Workshop sollte mit genügend Zeitreserven geplant werden.
* Es sollte sorgfältig und nach bestimmten Kriterien ausgewählte Mitarbeiter und Führungskräfte daran teilnehmen.
* Ein Workshop muss geleitet werden, und zwar von einem externen oder internen Moderator oder von einer Führungskraft.
* Auch der Ablauf muss genau geplant werden und die Möglichkeit bieten, auf Änderungen flexibel zu reagieren.
* Die Ergebnisse des Workshops müssen systematisch nachbearbeitet, analysiert und in den Arbeitsalltag integriert werden. Dies sollte in der Zielsetzung enthalten sein und klar kommuniziert werden.

Beispiel eines Kennzahlensystems als HR Cockpit

Das nachfolgende Beispiel zeigt, wie ein auf die Primärziele gemäss Unternehmenskultur, strategischen Unternehmenszielen und Personalpolitik individuell gestaltetes und ausgerichtetes Kennzahlensystem organisiert und strukturiert sein kann:

Personalgewinnung

- Kosten pro Kandidat
- Quoten aus Erst- und Zweitinterview
- Rücklaufquoten der Bewerbungen nach Suchkanal
- Rücklaufquoten der Bewerbungen nach Medien
- Quote der Einstellungseffizienz
- Quote Initiativbewerbungen

Personalentwicklung

- Ausbildungsquote
- Quoten und Prüfungs-Durchschnittswerte von Abschlüssen
- Jährliche Weiterbildungszeit pro Mitarbeiter
- Weiterbildungskosten pro Tag und Teilnehmer
- Anzahl intern besetzter Stellen infolge Fördermassnahmen

Personalerhaltung

- Fluktuationsquoten
- Leitungsspannen von Führungskräften
- Analysen nach Austrittsgründen
- Durchschnittliche Betriebszugehörigkeit der Mitarbeiter
- Krankenquote

Personalkosten

- Personalkosten pro Stunde, Tag, Woche und Monat
- Personalkosten in % der Wertschöpfung
- Personalkosten pro Mitarbeiter
- Personalkostenintensität
- Personalaufwandquote
- Überstundenquote
- Anteil variable und fixe Gehaltsbestandteile

Fallbeispiel Kennzahleneinführung in Unternehmen

Ausgangslage

Die Checkit AG ist ein mittelgrosses Unternehmen in der Dienstleistungsbranche, das sich in einer starken Wachstumsphase befindet und auch einen schnell ansteigenden Personalbestand hat. Dieser, die hohe Priorität des Human Resource Managements in der Geschäftsleitung und ein striktes Kostenmanagement führen zu einm HR-Kennzahlen-System.

Ziele, Planung und Vorgehen

Vorgaben und Ziele

Die Personalleitung, der Finanzleiter und die Geschäftsleitung erarbeiten folgende Leitfäden und Anforderungen:

* Man will schnell ein Konzept und dann erste Resultate
* Es soll ein kleines, überschaubares Kennzahlensystem sein
* Es soll die Grundlage für Verbesserungen und Optimierungen bieten
* Aber auch Steuerungsmittel für das Kostenmanagement sein

Wichtig ist auch, klare Rahmenbedingungen für schnelles Eingreifen und Korrekturmassnahmen zu schaffen. Ein effizientes Reporting soll die Akzeptanz, Kommunikation und Beachtung sicherstellen.

Aktuelle Probleme, Prioritäten und Herausforderungen

Als wichtige Probleme und Herausforderungen betrachtet man die Kostenentwicklung, die grosse Bedeutung der Mitarbeiterbindung in Schlüsselpositionen sowie die Messbarkeit und Erfolgskontrolle in der Personalentwicklung. Als Untersuchungsbereiche sieht man daher:

* Personalkosten
* Fluktuation
* Personalentwicklung
* Produktivität und Leistung

Projektteam und Zeitrahmen

Man stellt ein kleines und motiviertes Projektteam zusammen, welches mit weitgehenden Kompetenzen ausgestattet wird und ein Budget bekommt, welches auch eine externe Beratung ermöglicht. Man will das Kennzahlensystem in einem Monat konzipiert haben, in zwei Monaten erste Resultate und ein erstes Reporting sehen. Das Projektteam besteht aus folgenden Personen:

* Personalleiter und Personalassistentin
* Finanzleiter und Junior Controller
* Zwei Abteilungsleiter der am stärksten betroffenen Abteilungen

Vorgehen und Realisierung

Man einigt sich auf die Schwerpunkte einer sorgfältigen und durchdachten Selektion von Kennzahlen mit vor allem auch vertretbarem Aufwand und Nutzen, einer guten und fundierten Ausbildung und Know-how-Erarbeitung der Thematik, die Gewinnung der Akzeptanz aller Führungskräfte und ein attraktives aber effizientes Reporting.

Externe Beratung und Workshop

Mit einem externen Berater wird ein Workshop durchgeführt, an dem auch die Geschäftsleitung und Führungskräfte teilnehmen. Dabei wird darauf geachtet, schon in dieser Phase im Interesse der Akzeptanz Anregungen und Bedürfnisse aller Führungskräfte aufzunehmen und einzubeziehen.

Konzepterarbeitung

In einem zweiten Schritt wird die Konzepterarbeitung zu allen diesen Schwerpunkten an die Projektmitglieder delegiert.

Kennzahlen-Entscheid

In einem dritten Schritt werden die Kennzahlen definiert, auf die Zielkongruenz geprüft und von der Geschäftsleitung und allen Führungskräften abgesegnet.

Testlauf mit Beispiel-Kennzahlen

Mit vier Schlüssel-Kennzahlen wird der gesamte Prozess getestet und durchgespielt - von der Datenmaterialbeschaffung über die Erhebung und Analyse bis zum Reporting und beispielhaften Massnahmen-Katalogen. Dies wird der Geschäftsleitung präsentiert.

Zuständigkeit und Verantwortung

Die Verantwortung für die Führung und Pflege des Kennzahlensystems wird der Personalleitung übergeben. 20% der Arbeitszeit der Personalassistentin und 10% IT-Zeitbeanspruchung sind zugesprochene Ressourcen. Unterstellt ist das Team der Geschäftsleitung, die damit für alle erkennbare Signale für die Bedeutung und Priorität setzen will.

Umsetzung und Prozessgestaltung

Hier geht es darum, wie Daten erhoben, verarbeitet und an die Empfänger weitergeleitet werden sollen. Es sollte definiert werden, welche Erhebungsmethoden, Statistiken, mit welchem Beschaffungsaufwand zum Einsatz kommen sollen.

Kennzahlenmodell

Man entscheidet sich aufgrund sorgfältiger, umfassender Analysen und Diskussionen auf das folgende knappe, aber dafür überschaubare Kennzahlenmodell. Man hält sich dabei konsequent an folgende Vorgaben:

- Vertretbarer, im Verhältnis zum Nutzen stehender Aufwand
- Sicherstellung der Kontinuität und stetigen Aktualität der Werte
- Ausrichtung auf Vorgaben und Prioritäten der Geschäftsleitung
- Kongruenz mit mittel- und langfristigen Zielen und Prioritäten

Kennzahlenmodell der Checkit AG

Zweck und Ziel des Kennzahlfeldes

Steuerungs-instrument zur und Kontrolle der Kostenent-wicklung und Sicherstellung des Leistungsprinzips	Erhaltung und permanente Sicherstellung und Steigerung der Produktivität mit Fokus auf Opti-mierungen	Verbesserung und Weiter-entwicklung des Know-hows und der Qualifi-kation inkl. Erfolgskontrolle	Bindung von Führungs- und Fachkräften in Schlüsselpositio-nen mit Ziel, ein attraktiver Arbeitgeber zu sein

Themenbereiche und selektierte Kennzahlen

Personal-kosten	Leistung und Produktivität	Personal-entwicklung	Mitarbeiter-bindung
Personalkosten pro Mitarbeiter	Produktivität der Belegschaft	Ausbildungs-quote	Krankheitsquote
Anteil variabler und fixer Gehälter	Personal-aufwandquote	Qualifikations-struktur	Absenzenquote
Durchschnitts-Kosten je Über-stunde	Leistungsgrad nach Abteilungen	Anz. jährlicher PE-Massnahmen pro MA	Fluktuations-quote
HR-Aufwandkosten pro Mitarbeiter	Überstunden-quote	Kosten jährli-cher Weiterbil-dung pro MA	Durchschnittli-che Betriebszu-gehörigkeit
Vergütung und Lohnneben-leistungen	Umsatz pro Mitar-beiter	Anteile und Entwicklung von Lernmethoden	Analyse und Anteile der Austrittsgründe

Zuständigkeiten, Erhebungsmethoden und Datenmaterial

HR-Leitung	HR-Leitung	HR-Leitung	HR-Leitung
Lohnbuchhaltung	Abteilungsleiter	PE-Leiter	HR-Abteilung
Datenerhebung	Datenerhebung	Datenerhebung	Datenerhebung
Datenmaterial	Datenmaterial	Datenmaterial	Datenmaterial

Kennzahlen-Musterblatt der Checkit AG

Kennzahl: Fluktuationsquote

Verantwortlichkeiten und Zeitaspekte

Ersteller:	Marion Mustermann
Erhebungszeitpunkt:	1.6.0X
Erhebungszeitraum:	1.1.0X bis 30.6.0X
Erhebungsfrequenz:	2 x jährlich, Mitte und Ende Jahr
Verantwortliche Kontrolle:	Rolf Meier

Ziel der Kennzahl

Das Ziel dieser Kennzahl ist es, die Mitarbeiterbindung messen und verfolgen zu können und die Attraktivität als Arbeitgeber transparent zu machen. Sie ist aber auch ein wichtiger Faktor für die Kostenentwicklung, da jeder Abgang, besonders bei Fach- und Führungskräften, hohe Kosten verursacht.

Berechnung der Kennzahl

Anzahl Beschäftigte / Anzahl Kündigungen / Jahr

Kennzahl	Ist	Soll	Abw.	Abw. %	Vorjahr	Abw.
Fluktuation	7	5	+2	30	6	1
Kosten/Kandidat	500	500	0	0	350	150

Verwendetes Datenmaterial und Erhebungsmethode

Für die Ermittlung dieser Kennzahl wird auf Austrittstatistiken und die Personaldatenbank zurückgegriffen. Die Kennzahl wird im Excel-Kennzahlen-Cockpit errechnet und grafisch dargestellt.

Eingreifpunkt

Bei einer Überschreitung des Wertes 10 ist Handlungsbedarf notwendig, ebenso bei einer Überschreitung des Plan-Soll um 20% oder eine Erhöhung von mehr als 20% gegenüber dem Vorjahr.

Kommentar

Wie stellt sich die Entwicklung dar, wie verläuft der Trend?

Verwandte Kennzahlen und Themenfelder

Verwandte Kennzahlen sind die Fluktuationskosten, die Durchschnittsdauer der Betriebszugehörigkeit und die Analyse der Austrittsgespräche.

Interpretationen und Massnahmen

Worauf sind die Veränderungen zurückzuführen, welche Optionen gibt es, welche besonderen Ereignisse beeinflussen die Kennzahl und verfälschen möglicherweise das Bild?

Berichtswesen und Reporting

Man entscheidet sich, jeden zweiten Monat Kurzinformationen mit höchstens 2-3 Seiten Umfang zu verteilen. Drei Mal pro Jahr finden ausführliche Reportings, Präsentationen und Diskussionen statt. Dabei werden jeweils die folgenden Punkte besonders hervorgehoben:

- Kennzahl des Monats mit Hintergründen und Analysen
- Bei jedem Reporting wird eine Abteilung fokussiert
- Konsequenter Rückblick auf Massnahmen und Resultate
- Es erfolgt immer eine klare Priorisierung der Kennzahl-Betrachtungen

Das Reporting wird nur digital via E-Mail-Versand, PDF und Excel abgewickelt. Dafür legt man aber grossen Wert auf eine höchst professionelle, attraktive und anschauliche Aufbereitung und Visualisierung der Informationen und Kennzahlen. Die Informationen sind immer auch via Webplattform abrufbar und zugänglich. Die Adressaten der Reportings sind betroffene Führungskräfte, die Geschäftsleitung, die gesamte HR-Abteilung und immer das Finanzwesen.

Definition von Eingreifpunkten

Zusammen mit der wichtigen Vorgabe von Massnahmenplänen wird die genaue Definition von Eingreifpunkten besprochen und festgelegt: Bei jeder Kennzahl wird genau entschieden, ab welcher Veränderung und Abweichung gehandelt wird. Dabei wird immer zuerst die Kennzahlen-Entwicklung mit der betroffenen Führungskraft besprochen und analysiert. Nach der gemeinsamen Erarbeitung von Optionen wird ein Massnahmenkatalog erarbeitet mit klaren Zielsetzungen bezüglich Kennzahl und der qualitativen Umsetzung.

Das Interesse bzw. die Beachtung und Nachfrage an und von Kennzahlen wird bei den Diskussionen immer wieder geprüft.

Erfolgs- und Qualitätskontrolle

Zwei Mal pro Jahr findet vor der Geschäftsleitung eine Erfolgs- und Qualitätskontrolle des gesamten Kennzahlensystems statt mit vier klar definierten Aufgabenstellungen:

- Interpretationen/Schlussfolgerungen wichtiger Problemkreise
- Sicherstellung und Erfolgskontrolle notwendiger Massnahmen
- Kongruenz des Kennzahlen-Systems mit Unternehmenszielen
- Kosten-Aufwand-Nutzen-Analyse des Kennzahlensystems

Übersichtstafeln und Checklisten

Die nachfolgenden Übersichtstafeln und Checklisten fassen Wichtiges zusammen, geben neue Impulse oder einen Fokus auf die praxisrelevanten Punkte für Umsetzungen und Optimierungen.

Entscheidungshilfe zur Aufnahme von Kennzahlen

Der Selektion von Kennzahlen ist grosse Beachtung zu schenken, da sie mit zahlreichen Anforderungen des Unternehmens, der Unternehmenskultur, der Personalpolitik und der aktuellen Zielsetzungen kompatibel sein sollte.	aufnehmen	prüfen	irrelevant	inexistent
Ausrichtung auf die Unternehmensstrategie				
Ausrichtung auf die Unternehmensziele				
Kongruenz mit der Unternehmenskultur				
Übereinstimmung mit der Personalpolitik				
Übereinstimmung mit Leitbild				
Berücksichtigung aktueller Problemstellungen				
Mittel- und langfristige Bedeutung und Relevanz				
Beachten der Überschaubarkeit				
Berücksichtigung des Aufwandes und Nutzens				
Einbezug der unternehmerischen Kernkompetenzen				
Berücksichtigung der Personalplanung				
Berücksichtigung des Arbeitsmarktes				
Berücksichtigung und Ziele des Employer Brandings				
Berücksichtigung der Unternehmensprioritäten				
Übereinstimmung mit der Führungspolitik				
Übereinstimmung mit kommunizierten Werten				
Voraussetzung von Handlungs-Möglichkeiten				
Einbezug aller Unternehmensbereiche und -sparten				
Einbezug der Bedürfnisse aller Führungskräfte				
Beachtung personeller und finanzieller Ressourcen				

Generelle Kriterien zur Aufnahme von Kennzahlen

Zu viele Kennzahlen verursachen hohe Aufwendungen, beeinträchtigen die Beachtung und das Verständnis und erhöhen die Fehlerquote. Deshalb sollten klare Kriterien vorhanden sein, nach denen Kennzahlen aufgenommen werden. Beispiele solcher Kriterien finden Sie nachfolgend.	für uns wichtig	prüfen	irrelevant	unsicher
Ist dafür zuverlässiges Datenmaterial vorhanden?				
Können Massnahmen daraus abgeleitet werden?				
Ist die Kennzahl eindeutig definierbar?				
Ist die Kennzahl beeinflussbar?				
Stimmt sie überein mit der Unternehmensstrategie?				
Ist die Kennzahl konform mit Unternehmenszielen?				
Ist Kennzahl auf den Empfängerkreis abgestimmt?				
Steht der Aufwand im Verhältnis zum Nutzen?				
Ist sie mit der Geschäftsleitung abgesprochen?				
Sind Betroffene einbezogen und einverstanden?				
Ist die Kennzahl auch langfristig relevant?				
Ist die Kennzahl objektiv?				
Ist die Aktualität des Datenmaterials sichergestellt?				
Verändern sich Rahmenbedingungen nicht?				
Besteht Bezug zur Unternehmens Kernkompetenz?				
Sind wichtige, aktuelle Problembereiche abgedeckt?				
Sind es nicht nur Alarm- und Warn-Kennzahlen?				
Lässt sich das Ziel und der Nutzen klar definieren?				
Sind sinnvolle Bezüge und Vergleiche möglich?				

Wichtige Anforderungen an ein Kennzahlen-Reporting

Beim Berichtswesen sind die folgenden Punkte zu klären und zu berücksichtigen, da sie wesentlich zum Verständnis und zur Akzeptanz bei der Geschäftsleitung und den Führungsverantwortlichen beitragen.	realisieren	prüfen	irrelevant	unsicher
Frequenz				
Medienträger				
Präsentations- bzw. Berichtsform				
Umfang bzw. Zeitbedarf				
Adressaten/Zielgruppe				
Erhebungsmethoden und Datenmaterial				
Konkrete Informationen zur Korrektheitsgarantie				
Klare Zielsetzungen zu jeder Kennzahl				
Nennung aller Mitarbeiter				
Sicherstellung der Aktualität				
Angaben zur Kontaktperson				
Richtiger Einsatz von geeigneten Grafiken				
Ausgewogenes Bild- und Textverhältnis				
Veranschaulichende Beispiele				
Angemessene Handlungsempfehlungen				
Erklärungen/Transparenz zum Datenursprung				
Verschiedene Interpretationsoptionen				
Information zu den Hintergründen				
Bezugnahme zu aktuellen Unternehmensthemen				

Ganzheitliche Interpretationen und Analysen

Interpretationen und Analysen von Kennzahlen sollten systematisch und ganzheitlich erfolgen und darüber hinaus möglichst viele Aspekte einbeziehen. Fehlerhafte und voreilige Interpretationen beinträchtigen ein noch so gutes Kennzahlensystem negativ. Nachfolgend konkrete Hinweise, worauf zu achten ist:	umsetzen	prüfen	mehr beachten	nicht möglich
Bezugnahme zum Vorjahr oder Plan-/Sollwert				
Untergliederung des aktuellen Jahres				
Studium zurückliegender Reports und Zahlenwerte				
Gespräch mit betroffenen Mitarbeitern				
Meinung von Fach- und Abteilungsverantwortlichen				
Branchenvergleiche und Benchmarks einholen				
Qualifizierte Berater, externe Fachleute einbeziehen				
Schwankungen kleinerer Zeiteinheiten betrachten				
Bezüge zu ähnlichen, verwandten Kennzahlen				
Veränderungen in Datenmaterial suchen				
Veränderungen in Erhebungsmethoden suchen				
Diskussion oder Brainstorming im Fachkreis				
Nach indirekten Einflussfaktoren forschen				
Besonders erfahrene, langjährige MA einbeziehen				
In Fachliteratur und –zeitschriften recherchieren				
Mit Finanz- und/oder Controlling-Abteilung sprechen				
Atypischen Ereignissen und Vorfällen nachgehen				
Sitzungsprotokolle und Massnahmenpläne sichten				
Gesetzliche, reglementarische Änderungen beachten				

Einsatz von Grafiktypen für diverse Informationen

Jede Grafikart hat ihre Besonderheiten in der Visualisierung von Informationen und Zahlenwerten, die auch in Kennzahlen-Reportings zum Ausdruck kommen sollten. Nachfolgend einige Empfehlungen, für welche Kennzahlentypen welche Grafikarten geeignet sind.

Daten	Beispiel	Geeignete Grafik
Strukturdaten Darstellung von Anteilen einer Gesamtheit	Höhe des Hilfskräfte-Anteils in der Filiale XY im Vergleich zum gesamten Personalbestand	Kreisdiagramm Gestapeltes Säulendiagramm
Rangfolgen Gegenüberstellung von Daten oder Reihung von Daten	Gegenüberstellung der Personalkosten der Filialen und Niederlassungen	Balkendiagramm Säulendiagramm
Zeitreihen Veränderung von Daten über einen bestimmten Zeitraum	Veränderung/Verlauf des Personalbestandes vom 1.Januar bis 30. Juni des Jahres	Säulendiagramm Liniendiagramm
Häufigkeiten Von Ereignissen innerhalb eines Zeitraums	Häufigkeit/Anzahl der krankheitsbedingten Absenzen mit Dauer > 1 Arbeitswoche	Säulendiagramm Liniendiagramm
Korrelationen Zusammenhänge aufzeigen	Steigerung des Umsatzes durch höhere Provisionen für die Aussendienstmitarbeiter Welche MA haben hohe Performance aber wenig Potential?	Doppelseitiges Balkendiagramm Punktdiagramm Portfolio

Aufbereitung von Kennzahlen und Einsatz von Grafiken

Lesbarkeit, Klarheit und Verständlichkeit von Kennzahlen-Berichten sind wichtige Anforderungen. Nachfolgend einige Hinweise, worauf zu achten ist und welche Gestaltungsregeln wichtig sind.	beachten	prüfen	verbessern	ändern
Fehlende Daten deutlich kennzeichnen, begründen				
Keine Verzerrung von Achsenmassstäben				
Stilelemente sparsam verwenden! (Schatten, Pfeile)				
So wenig Text wie möglich – keine Abkürzungen				
Nur ein bis zwei Schriftarten und –grössen benützen				
Einzelne Balken oder Kreissegmente differenzieren				
Farben und Muster müssen sich klar unterscheiden				
3-D Grafiken vermeiden, da Verzerrungsgefahr				
Im Zweifelsfall mehrere Grafiken				
Schriftarten durchgängig gleich				
Alle Achsen/Datenreihen einer Grafik kennzeichnen				
Zeiträume, Einheiten-Bezeichnungen klar benennen				
Einheitliche Laufrichtung (z.B. von links nach rechts				
Farbeinsatz nur wenn notwendig				
Abweichungen hervorheben (z.B. Ampellogik)				
Kopfzeilen und Seitenzahlen verwenden				
Währungsangaben und Einheitsangaben einheitlich				
Erklärung auf gleichem Blatt wie die Basisdaten				
Ist-Daten und Planungs-Daten deutlich trennen				
Grafiken auf gleichem Blatt wie die Basisdaten				
Einheitliche Grafik- und Text-Bezeichnungen nutzen				

Übersicht der möglichen Datenquellen

Die Vielfalt der Datenquellen ist – natürlich nebst ihrer Aktualität, und Korrektheit – eine weitere Möglichkeit, Kennzahlen breit abzustützen, zu verifizieren und zu verfeinern. Nachfolgend eine Auswahl.	aufnehmen	prüfen	irrelevant	inexistent
Mitarbeiterbefragungen				
Qualifikationen				
Zielvereinbarungen, Mitarbeitergespräche				
Einsatzpläne				
Lohn- und Personalkosten-Statistiken				
Bewerbungsdaten und –angaben				
Personal-Personendaten				
Arbeitszeiterfassungssysteme				
Öffentlich zugängliche Sekundärdaten				
Stellenbeschreibungen				
Abwesenheitsstatistiken				
Stärken-Schwächen- und Tätigkeitsanalysen				
Verkaufsrapporte und Umsatzberichte				
Rechnungen und Offerten				
Daten von Branchen-, und Berufsverbänden				
Personalportfolios				
Frühere Kennzahlen-Reporte wie Geschäftsberichte				
Produktivitätserhebungen und Statistiken				
Daten des Finanzcontrollings und Finanzwesens				

Elemente und Positionen eines Kennzahlenblattes

Um so informativer, strukturierter und transparenter ein Kennzahlenblatt ist, desto verbindlicher ist es für die Einhaltung der Systematik und nachvollziehbarer und aussagekräftiger für die Empfänger.	aufnehmen	prüfen	irrelevant	unsicher
Daten und Zahlenwerte				
Vorjahr: Ist/Plan Monat und kumuliert Jahr				
Aktuelles Jahr: Ist/Plan Monat und kumuliert Jahr				
Ist/Plan-Abweichung absolut und in %				
Index in Prozenten zum Soll-Wert				
Trendermittlung/Ampelfunktion				
Rubriken				
Bezeichnung der Kennzahl				
Zeiträume und Erhebungszeitpunkt				
Verwendetes Datenmaterial und Quellen				
Ziel und Zweck der Kennzahl				
Kommentarfeld für Interpretationen				
Ersteller und Datum				
Verwandte, ähnliche und betroffene Kennzahlen				
Bezugs- und Vergleichswerte				
Dem Veranschaulichungsziel dienende Grafikart				
Vergleichsgrundlagen				

Personal-Kennzahlen

Nachfolgend stellen wir im einzelnen Personalkennzahlen vor. Die Vorgehensweise bei der Erläuterung der Kennzahlen erfolgt dabei immer nach ähnlichem Schema:

Zuerst wird auf die *Bedeutung und den Stellenwert* dieser Kennziffer in der HR Praxis eingegangen und diese erläutert.

Dann wird in einer Tabelle die Formel bzw. *Berechnung der Kennziffer* gezeigt, mit den auf einen Blick erkennbaren Zusatzinformationen Aussagewert/Ziel, Berechnung und geeignete Daten.

Anschliessend folgt gelegentlich ein *Berechnungs- und Interpretationsbeispiel* mit Zahlen aus der Unternehmenspraxis. Es schliessen sich Hinweise für die *Beschaffung* sowie mögliche Datenarten und Erhebungsmethoden an.

Sporadisch werden *Fallbeispiele* aus der Unternehmenspraxis herangezogen, welche komplexe Zusammenhänge oder besonders wichtige Prinzipien veranschaulichen und illustrieren.

Bei einigen Definitionen werden zusätzlich noch mögliche *Ursachen* für eine unbefriedigende Kennzahl und daraus zu ergreifende Beispiele von *Massnahmen* als Abschluss zur Portraitierung jeder Kennzahl aufgeführt.

Durchschnittsalter der Belegschaft

Bedeutung und Stellenwert dieser Kennziffer

Eine ausgewogene Altersstruktur ist für die Innovationskraft und Dynamik eines Betriebes, aber auch für dessen Erfahrungsreichtum und Wissenswert von relativ grosser Bedeutung. Allerdings ist diese Kennziffer je nach Unternehmensalter, Branche, benötigten Funktionen und Kaderanteilen unterschiedlich und kann nicht pauschal bewertet werden.

Berechnung der Kennziffer

Die Berechnung des Durchschnittsalters der Belegschaft setzt sich aus den folgenden Komponenten zusammen und wird mit dieser Formel vorgenommen:

Durchschnittsalter der Belegschaft		
Aussagewert/Ziel	Berechnung	Geeignete Daten
Dynamik Belegschaft Lebenszyklus des Betriebes Zeitraumentwicklung	$$\frac{\text{Summe der Lebensjahre total}}{\text{Anzahl Arbeitnehmer im Betrieb}}$$	Mitarbeitereintritte Mitarbeiteralter Funktionen

Berechnungs- und Interpretationsbeispiel

Wenn ein Betrieb 10 Mitarbeiter beschäftigt, so kann die Berechnung wie folgt vorgenommen werden:

- 2 Lehrlinge   Gesamtlebensjahre total 36
- 2 Kader   Gesamtlebensjahre total 80
- 3 Angestellte   Gesamtlebensjahre total 90
- 3 Arbeiter   Gesamtlebensjahre total 75

281 Lebensjahre / 10 Mitarbeiter ergibt ein Durchschnittsalter von 28,1 Jahren, was im Normalfall ausgesprochen jung ist.

Dieses Zahlenmaterial kann den Personaldaten bzw. Eintrittsmeldungen, Verträgen und persönlichen Personalangaben entnommen werden. Beim Erstellen der Analyse kann, wie das obige Beispiel zeigt, zugleich eine Funktions- oder Hierarchieanalyse vorgenommen werden. Diese kann zum Beispiel aussagen, wie hoch prozentual der Anteil an Lehrlingen oder des mittleren, oberen und unteren Kaders ist.

Mit dieser Kennzahl kann eruiert werden, welche Altersgruppen am besten und häufigsten und in welcher Ausgewogenheit vertreten sind, was Rückschlüsse auf den kommenden Personalaufwand zulässt. Wenn beispielsweise eine sehr junge Altersstruktur vorliegt, kann der Personalentwicklungsaufwand steigen und die Bindung zum Unternehmen möglicherweise sinken. Eine eher höhere Altersstruktur hingegen zeigt auf, dass die Nachwuchsplanung wichtig wird, wenn Mitarbeiter mit Know-how und Berufserfahrung ausscheiden oder wird möglicherweise auch die Kranken- und Abwesenheitsquote erhöhen, aber die Fluktuation verringern.

Mögliche Ursachen und Massnahmen

Zu hohes Durchschnittsalter

Dies kann auf den positiven Sachverhalt einer starken Mitarbeiterbindung zurückgeführt werden. Eine konkrete Gegenmassnahme kann in der Rekrutierung jüngerer Mitarbeiter bestehen, beispielsweise durch den Ausbau von Trainee- und Ausbildungsprogrammen.

Schaffung von Lehr- und Traineestellen

Dies ist eine Massnahme, die nebst des Belegschaftsalters vor allem auch einen positiven Imageeffekt als Arbeitgeber bewirkt.

Vorzeitige Pensionierungen

Ist das Durchschnittsalter vor allem bei wichtigen Schlüsselpositionen hoch oder erfordern neue Technologien jüngere Arbeitskräfte, so können vorzeitige Pensionierungen ins Auge gefasst werden.

Imagemassnahmen beim Auftritt als Arbeitgeber

Man kann den Hebel auch sehr wirkungsvoll bei den Imagemassnahmen bezüglich Auftritt als Arbeitgeber ansetzen, indem man sich beim Auftritt in der Rekrutierung, im Marketing, im Kundenkontakt und in der Public Relation zum Beispiel bei Interviews, im Design, bei Engagements und im visuellen Auftritt ein dynamischeres und jugendlicheres Image zulegt. Ziel ist es hier, das eigene Unternehmen bei potentiellen, jungen Bewerbern als Marke zu etablieren und sich von der Konkurrenz abzuheben.

Durchschnittliche Betriebszugehörigkeit

Bedeutung und Stellenwert dieser Kennziffer

Auch diese Kennziffer kann nicht pauschal interpretiert werden, ist aber insgesamt dennoch eine Messgrösse für die Beliebtheit und Attraktivität eines Arbeitgebers. Beeinflussende Faktoren sind Alter des Unternehmens, Branche und Produkte und die Rekrutierungspolitik eines Unternehmens.

Die Berechnung der Kennzahl setzt sich aus den folgenden Komponenten zusammen und wird mit folgender Formel vorgenommen:

Durchschnittliche Betriebszugehörigkeit		
Aussagewert/Ziel	Berechnung	Geeignete Daten
Dynamik Belegschaft Lebenszyklus des Betriebes Zeitraumentwicklung	Summe der Betriebszugehörigkeit total ———————— Anzahl Arbeitnehmer im Betrieb	Mitarbeitereintritte Mitarbeiteralter Funktionen

Berechnungs- und Interpretationsbeispiel

Wenn in einem Betrieb 10 Mitarbeiter beschäftigt sind, so kann die Berechnung zum Beispiel wie folgt vorgenommen werden

2 Kader   Betriebs-Zugehörigkeitsjahre 50
3 Angestellte   Betriebs-Zugehörigkeitsjahre 40
5 Arbeiter   Betriebs-Zugehörigkeitsjahre 30

120 Betriebs-Zugehörigkeitsjahre insgesamt / 10 Mitarbeiter ergibt eine durchschnittliche Betriebszugehörigkeit von 12 Jahren, was je nach Branche und Unternehmenspolitik ein guter Wert ist. Das Zahlenmaterial kann den Personaldaten bzw. Eintrittsmeldungen, Verträgen und persönlichen Personalangaben entnommen werden.

Weitere mögliche Auswertungen

Sinnvoll kann es an dieser Stelle auch sein, die Kennzahl nach Organisationseinheiten aufzugliedern, da es hier möglicherweise grosse Schwankungsbreiten geben kann.

Mögliche Massnahmen

Ähnlich wie bei einer erhöhten Fluktuationsquote kann einer unerwünscht niedrigen Betriebszugehörigkeit mit den folgenden Massnahmen entgegen gewirkt werden:

- Attraktivere Arbeitsbedingungen schaffen
- Löhne, Sonderzahlungen und Sozialleistungen verbessern
- Entwicklungs- und Karriereperspektiven verbessern
- Arbeitgeber-Attraktivität der Konkurrenten analysieren
- Austrittsinterviews systematisch analysieren und auswerten
- Führungskompetenzen analysieren und mit geeigneten Massnahmen verbessern

Diese Kennzahl ist auch eng verbunden mit der Fähigkeit eines Unternehmens und seiner Führungskräfte, sich der Bedeutung der Mitarbeiterbindung bewusst zu sein und Mitarbeiter zu motivieren.

Die Mitarbeiterbindung (zuweilen auch als Retention Management bezeichnet) ist gerade bei den Top-Mitarbeitern eine äusserst wichtige und für HR-Fachleute und Führungskräfte sehr anspruchsvolle und komplexe Aufgabe, die sich nicht einfach mit dem Einsatz von einigen Führungsinstrumenten erfüllen lässt. Bei der Mitarbeiterbindung handelt es sich um Faktoren, die in keinem Arbeitsvertrag enthalten sind.

Die aus Untersuchungen und Befragungen hervorgegangenen Resultate und Bereiche und Instrumente zur Mitarbeiterbindung finden Sie in den nachfolgenden Übersichten:

Wichtige Motivationsbereiche zur Mitarbeiterbindung

	verbessern	prüfen	zufriedenstellend
Sinngebende und herausfordernde Tätigkeit			
Verantwortungsspielraum			
Anerkennung, Wertschätzung und Lob			
Weiterbildungsmöglichkeiten			
Feedback vom Vorgesetzten			
Gutes Einkommen (Prämien)			
Karriere- und Entwicklungsmöglichkeiten			
Spass und Freude an der Arbeit			
Entscheidungsfreiheit			
Bedürfnis nach Akzeptanz			
Einbezug in Entscheidungen			
Erfolgserlebnisse			
Arbeitsumfeld, abwechslungsreiche Tätigkeit			
Flexible Arbeitszeitgestaltung			
Freiräume			
Sozialleistungen			
Sicherheit Arbeitsplatz, gutes AG-Image am Markt			
Worklife-Balance Angebote			
Anlaufstellen für persönliche Anliegen und Probleme			
Positives Menschenbild im Unternehmen			
Kommunikationsfähigkeit der Führungskräfte			
Mitgestaltung von Leistungen und Prozessen			
Team-Wohlbefinden als Ganzes			

Mitarbeiterbindungs-Instrumente auf einen Blick

	sehr wichtig	prüfen	verbessern
Aufstiegs- und Entwicklungschancen und -angebote			
Attraktive und herausfordernde Aufgaben und Projekte			
Kompetenzen fördernde Weiterbildungsmöglichkeiten			
Anerkennung und Wertschätzung der Leistungen			
Sinngebende Tätigkeiten, Ziele und Perspektiven			
Verantwortungsspielraum und Freiräume			
Entscheidungsmöglichkeiten und Verantwortung			
Leistungsorientierte und variable Entlohnung			
Massgeschneiderte Work-Life-Balance Angebote			
Flexible Arbeitszeitgestaltung und -modelle			
Inspirierendes und interessantes Arbeitsumfeld			
Sozialkompetenzen und Feedback der Führungskräfte			
Reputation und Image des Unternehmens			
Stellenwert und Reputation von Produkt und Branche			
Umfassende, verständliche und aktuelle Kommunikation			
Moderne Führungsinstrumente, -kultur und -instrumente			
Change Management mit neuen Herausforderungen			
Ehrlichkeit und Glaubwürdigkeit des Unternehmens			
Arbeits- und Teamklima mit Wir-Gefühlen			
Beachtung persönlicher Grundwerte und Lebensziele			

Analyse der Rekrutierungskosten

Bedeutung und Stellenwert dieser Kennziffer

Eine Analyse der Rekrutierungskosten zeigt Ihnen die Anteile der verschiedenen Kostenarten, Einsparungspotentiale und den Erfolg bzw. die Resultate der unterschiedlichen Suchkanäle.

Die Analyse der Rekrutierungskosten kann sich beispielsweise aus den folgenden Komponenten zusammen setzen und demnach wie folgt vorgenommen werden:

Analyse der Rekrutierungskosten			
Pos	Kostenart	Kosten	Anteil
1	Layout und Schaltung Stellenanzeigen	6000	60%
2	Aushänge an Universitäten	800	8%
3	Einträge bei Online-Jobbörse	600	6%
4	Auftrag Personalvermittlungsagentur	2600	26%
	Total	10'000	100%

Berechnungs- und Interpretationsbeispiel

Im obigen Beispiel sind die Kostenunterschiede klassischer Massnahmen und Online-Suchmassnahmen ersichtlich. Dieses Zahlenmaterial kann den Offerten und Rechnungen der Buchhaltung bzw. Personaladministration entnommen werden.

Weitere mögliche Auswertungen

Diese Kosten können in einer Soll-Ist-Auswertung budgetiert und mit den Ist-Werten verglichen und kontrolliert werden. Die Aufstellung in weitere Kostengruppen (Schaltkosten/Grafik, interne und externe Kosten oder Schalt- und Selektionskosten) sind ebenfalls mögliche Analysemöglichkeiten.

Interessant sind die Kosten pro eingeladenem Bewerber oder eingehender Bewerbung und Suchkanal. Grosse Unterschiede können sich auch bei der Betrachtung pro besetzter Stelle ergeben. In Einzelfällen kann sich aufgrund von Engpässen am Arbeitsmarkt ein erheblicher Rekrutierungsaufwand ergeben, um die dementsprechende Qualifikation für das Unternehmen zu gewinnen.

Mögliche Ursachen und Massnahmen

Zu hohe Rekrutierungskosten können viele Ursachen haben. Diese reichen von der Medienstrategie über die Medienwahl und Administrationsaufwendungen bis zur Effizienz und Aufwand der Kandidatenselektion. Mögliche Ursachen und Massnahmen dazu finden Sie nachfolgend:

- Berücksichtigung der unterschiedlichen Schaltkosten
- Analyse der Zielgruppenerreichung der Medien
- Überprüfung der Kosten pro Bewerbungseingang
- Erstellen Sie allenfalls betriebsspezifische Kostenunterteilungen wie im vorangegangenen Kapitel aufgezeigt
- Gegebenenfalls ist die Stelle zu niedrig bewertet, so dass sich dieses auf den Rekrutierungsprozess auswirkt

Recruiting-Kennzahlen beinhalten in den meisten Fällen die Faktoren Zeit, Kosten und Qualität bzw. Effektivität. Eine Konzentration auf diese Kategorien ist sinnvoll, um vor allem auch den Wirtschaftlichkeitsaspekt der oft hohen Rekrutierungskosten gebührend zu berücksichtigen. Weitere Recruiting-Kennzahlen:

- Initiativbewerbungsindikator: Anzahl Initiativbewerbungen und Summe Vollzeitäquivalente
- Gesamtbesetzungskosten einer Stelle: Gesamtkosten (intern und extern) für Rekrutierung/Summe Zugänge
- Anzahl Einstellungen pro Recruiter
- Durchschnittliche Vakanzdauer bis zur Stellenbesetzung: Summe der Monate aller Vakanzen/Summe Zugänge pro Jahr
- Einstellungseffizienz pro Rekrutierungskanal: z.B. Kosten des Rekrutierungskanals (z.B. Anzeigenkosten, Online-Jobbörse,
- Externe bzw. interne Zugangsquote: Summe der extern bzw. intern rekrutierten Mitarbeiter/Gesamtzahl der Stellenbesetzungen in Prozent
- Externes Arbeitgeberimage/Arbeitgeberattraktivität: z. B. gemessen an Ergebnissen in Arbeitgeberwettbewerben oder Zielgruppenbefragungen

Die nachfolgende Übersichtstafel zeigt konkrete Kosteneinsparungsmöglichkeiten und Massnahmen zur Reduktion des Zeitaufwandes:

Reduktions-Möglichkeiten der Rekrutierungskosten

	realisieren	prüfen	ungeeignet
Kostenreduktionen und -potenziale			
Konzentration auf Online-Stellenplattformen und -kanäle			
Fachmedien gegenüber überregionalen Medien favorisieren			
Test-Kleinanzeigen schalten vor definitiven Schaltungen			
Möglichkeiten der internen Suche voll ausschöpfen			
Mini-Anzeigen mit Mehrinformations-Verweis auf Website			
Prägnante Anzeigen anstelle grosser Anzeigen mit viel Text			
Mitarbeiter-werben-Mitarbeiter-Programme initiieren			
Mit Medien Rabatte für Jahresvolumina aushandeln			
Externe Kosten genau vergleichen und offerieren lassen			
Detailliertes Kostenbudget inkl. Abweichungsanalyse			
Bewerberpool einrichten			
Zeiteinsparungen			
Alternative Suchkanäle testen und im Vorfeld nutzen			
Gute Planung und Organisation mit genauem Zeitbedarf			
Erfolgskontrollen und Rekrutierungs-Controlling vornehmen			
Anforderungen klar, genau und realistisch aufzeigen			
Effiziente Organisation des Bewerbermanagements			
Anzahl Interviews nach Weniger-ist-mehr-Prinzip			
Viele Vorab-Informationen auf Website anbieten			
Nach Möglichkeit Abwicklung online und per E-Mail			
Zeitplanung Interviews streng und konsequent einhalten			
Online-Bewerbungsformular zur Vorselektion einsetzen			
Grundsätzliche Eignungsabklärungen auf HR-Website			

Kosten pro Bewerber und Suchkanal

Bedeutung und Stellenwert dieser Kennziffer

Diese Kennziffern zeigen auf, wie kostengünstig unterschiedliche Suchkanäle sind und wie sich die Menge der Bewerbereingänge verhalten. Allerdings muss neben der quantitativen Betrachtung natürlich auch eine qualitative erfolgen. Die Kosten pro Bewerber und Suchkanal können sich beispielsweise aus den folgenden Komponenten zusammensetzen:

Kostenanalyse pro Bewerber und Suchkanal			
Kanal	**Kostenart**	**Bewerber**	**Ko/Bew**
Stellenanzeigen Fachmedien	3000	20	**150**
Stellenanzeigen Tageszeitungen	800	4	**200**
Online-Jobbörsen	600	2	**300**
Social Media Business-Netzwerke	2600	10	**260**
Total	**7'000**	**36**	**194**

Dieses Zahlenmaterial können Sie den Offerten und Rechnungen der Buchhaltung bzw. Personaladministration und in Kostenvorabklärungen den Mediendokumentationen entnehmen.

Weitere mögliche Auswertungen

Die Kosten können in einer Soll-Ist-Auswertung budgetiert und mit den Ist-Werten verglichen und kontrolliert werden. Die Aufgliederung in weitere Kostengruppen Schaltkosten/Grafik, interne und externe Kosten usw. sind ebenfalls mögliche Analysemöglichkeiten. Interessant sind die Kosten pro eingeladenem Bewerber oder eingehender Bewerbung und Suchkanal. In einer Betrachtung des mittel- und langfristigen Zeitraums sind dann die Einstellungsentscheide die letztlich entscheidende Kennziffer.

Mögliche Ursachen und Massnahmen

- Beobachtung und Auswertung über einen längeren Zeitraum
- Erstellung und Berücksichtigung qualitativer Aspekte
- Betrachtung von Vor- und Nachbearbeitungskosten
- Erstellung betriebsspezifischer Kostenunterteilungen

Die nachfolgende Übersicht zu Stärken und Schwächen von Rekrutierungskanälen erleichtert deren systematische Selektion.

Stärken und Schwächen von Suchkanälen

Suchkanal bzw. Methode + = positiv, gut - = negativ, schlecht, ungünstig o = mittel, ungewiss oder schwer einschätzbar	Kosten	Erstellungsaufwand	Qualifikation der Nutzer	Erfolgschancen	Zielgruppengenauigkeit	Image	Kommunikationsraum
Überregionale Printmedien	-	-	+	o	-	+	-
Fachzeitschriften	+	-	+	+	+	+	-
Interne Stellenausschreibung	+	+	+	o	o	o	+
Mitarbeiter-werben-Mitarbeiter-Programme	+	+	+	+	o	+	+
Universitäts-Aushänge	o	+	+	+	o	+	o
Generelle Online-Stellenplattformen	+	+	o	o	o	+	+
Branchenspezifische E-Stellenplattformen	+	+	+	+	+	+	+
Fachvorträge	+	-	+	o	+	+	+
Workshops	+	-	+	o	+	+	+
Eigene Personal- bzw. Stellen-Website	+	+	+	o	-	+	+
Personalvermittlung	-	o	+	+	+	+	+
Job-Fachmesse, Absolventenkongresse	-	-	+	o	o	+	+
Vergabe von Praktika und Diplomarbeiten	+	-	+	o	+	+	+
Fach- und HR-Foren, HR-Blogs im Internet	+	+	o	-	-	+	o
Recruiting-Events an Universitäten	-	-	+	o	+	+	+
Mails an ehemalige Bewerber/Mitarbeiter	+		+	o	o	o	-
Excecutive Search	-	o	+	+	+	+	+
Business-Netzwerke für Personalleiter	+	+	o	o	+	o	-
Arbeitsämter und öffentliche Dienste	+	+	o	-	-	-	-

Anzahl Bewerber pro Stellenanzeige

Bedeutung und Stellenwert dieser Kennziffer

Diese Kennzahl liefert Informationen, wie viele Bewerber sich jeweils auf Stellenanzeigen melden. Sie sagt aber nichts aus über die Effizienz oder die Qualität von Bewerbungen und Kandidaten, sondern gibt lediglich Hinweise auf den Erfolg und unterschiedliche Wirkungsweisen von Stellenanzeigen.

Kennzahlen-Herkunft

Diese Kennzahl sollte auch für Medientitel und diverse Arten von Suchkanälen verwendet werden. Bei Medientiteln können dies verschiedene Tageszeitungen oder der Vergleich zwischen Fachzeitschriften und überregionalen Tageszeitungen sein. Bei den Suchkanälen können dies - um nur einige zu nennen - Online-Stellenbörsen, Printmedien oder Universitätsaushänge sein.

Anzahl Bewerber pro Stellenanzeige		
Aussagewert/Ziel	Berechnung	Geeignete Daten
Anzeigenqualität Anzeigenwirksamkeit Anzeigentext Platzierung	$\dfrac{\text{Anzahl der Bewerber pro Inserat}}{\text{Anzahl Inserate}}$	Rekrutierungsplanung Medienplanung

Problematik der Ursachenanalyse

Diese Kennzahl liefert generelle Informationen zur Wirksamkeit und zum Erfolg von Stellenanzeigen. Deren Qualität kann damit aber nicht eindeutig beurteilt bzw. gemessen werden, diverse weitere Faktoren können hinzukommen, welche den Erfolg beeinflussen. Mögliche Einflussfaktoren können die folgenden sein:

- Gestaltung und Design
- Text und Headline
- Grösse und Platzierung
- Redaktionelles Umfeld

und weitere Faktoren. Die nachfolgende Übersicht hilft, die Qualität und Wirksamkeit einer Anzeige zu überprüfen:

Prüfpunkte und Beurteilung Stellenanzeigen	in Ordnung	prüfen	verbessern	unsicher
Ist die Rubrik der Publikation richtig gewählt?				
Ist die Berufsbezeichnung verständlich und üblich?				
Ist die Sprache aussagekräftig und prägnant?				
Ist die Struktur klar und lesefreundlich?				
Sind die Anforderungen konkret und realistisch?				
Wird das Unternehmen charakteristisch vorgestellt?				
Sind z.B. Fachwissen, Sozialkompetenz enthalten?				
Wird Post- und/oder E-Mail-Bewerbung gewünscht?				
Wird gesagt, was die Bewerbung umfassen soll?				
Werden die Tätigkeiten präzise und konkret genannt?				
Ist Ansprechperson mit Direktwahl/E-Mail genannt?				
Ist Webadresse mit Mehrinformationen vorhanden?				
Wird auch etwas zur Sozialkompetenz gesagt?				
Sind die Anforderungen weder zu hoch noch zu tief?				
Wurde Anzeige mit evtl. Stelleninhaber besprochen?				
Was könnte Interessenten von Reaktion abhalten?				
Was macht Sie als Arbeitgeber attraktiv?				
Was macht die Stelle einzigartig und interessant?				
Ist Formulierung Tätigkeit und Funktion angepasst?				
Wurde die Anzeige korrektur- und zweitgelesen?				

Nutzungsgrad von internen Kommunikationsmedien

Bedeutung und Stellenwert dieser Kennziffer

Diese Kennzahl sagt aus, wie intensiv und wie häufig innerbetriebliche Medien von Mitarbeitern genutzt werden. Sie ist vor allem im Vergleich mit anderen Medien und im Zeitraum von Interesse, da sie dann auch auf Veränderungen im Nutzungsverhalten hinweisen kann.

Kennzahlen-Aussage und -wert

Mit dieser Kennzahl kann die gesamte betriebliche Mitarbeiterkommunikation auf unterschiedliche Weise gemessen werden. Signifikante Veränderungen in Beachtung und Nutzung optimieren die Selektion der eingesetzten Medien, lassen die Wirksamkeit verbessern und bieten Kosteneinsparungspotential, da beispielsweise eine Verlagerung zu Onlinemedien stattfinden kann.

Nutzungsgrad von Kommunikationsmedien		
Aussagewert/Ziel	Berechnung	Geeignete Daten
Medienwahl Medienbeachtung Mediennutzung	$\dfrac{\text{Anzahl Nutzen pro Medium} \times 100}{\text{Anzahl der Mitarbeiter}}$	Mitarbeiterbefragungen Verteilerangaben Statistiken inner- betrieblicher Mediennutzung

Einflüsse auf die Medienqualität und -beachtung

Die Einflüsse auf die Medienqualität und -beachtung können sehr vielfältig und unterschiedlich sein, beispielsweise:

- Rubriken und Orientierung
- Thematisches Konzept und Themenwahl
- Aufmachung und Gestaltung
- Lesefreundlichkeit und Convenience
- Generelles Informationsverhalten der Nutzer
- Redaktionelle Professionalität als Ganzes
- Sprache und Niveau

Berechnungsarten und Aussagekraft

Die Nutzungs- und Beachtungszahlen werden in Befragungen ermittelt und dann durch Stichprobenbeobachtungen erhärtet. Darüber hinaus können auch andere Aspekte wie Inhalte, Rubriken, Distributionskanal, Leseaufwand und mehr erhoben werden. Die Ermittlung des Nutzungsgrades ist vor allem im Zeitverlauf interessant. Allenfalls kann auch eine Unterteilung nach Mitarbeitersegmenten vorgenommen werden, wie Führungskräfte und Nichtführungskräfte. Es sind auch Anteile-Kennzahlen gemäss folgender Aufstellung denkbar und möglich:

Nutzung von Medien und Informationen		
Abteilungs-Newsletter	Nutzungen/Mon	Anteil
Hauszeitung	145	14%
Intranet	180	17%
Rundschreiben	260	26%
E-Mail und PDF-Versand	80	8%
Schwarzes Brett	130	13%
SMS-Mitteilungen	36	3%
Betriebsversammlungen	200	19%

Hinweise

Verschiebungen und Veränderungen können Hinweise sein, Medien einzustellen, andere stärker zu fördern oder gewisse Medien kombiniert einzusetzen. Deshalb sind auch qualitative Befragungen unter Umständen lohnenswert. Beispiel: Ein E-Mail-Newsletter kann nur die Headline und Kurzmeldungen umfassen, die Hauszeitschrift dann die vertiefenden Beiträge und Hintergrundmeldungen.

Das nachfolgende Formular zur Medienbefragung ist ein Instrument für die Beachtung und Beurteilung von Medien:

Formular zur Beurteilung eingesetzter Medien

Skala: 1 sehr schlecht/trifft gar nicht zu bis 6 sehr gut, trifft voll und ganz zu

Rundschreiben	1	2	3	4	5	6
Themenwahl ist interessant						
Spricht mich an und interessiert mich						
Verständlich und motivierend geschrieben						
Umfang entspricht meinen Bedürfnissen						
Erscheinungshäufigkeit finde ich gut						
Kommentare und Präzisierungen in Stichworten:						

Schwarzes Brett	1	2	3	4	5	6
Hier finde ich das Wichtigste in Kürze						
Finde ich aktuell						
Gute Mischung Menschen/Geschäftliches						
Informiere mich täglich bzw. regelmässig						
Infos sind gut und interessant aufbereitet						
Folgende Rubriken und Themen fehlen, bzw. können ausgebaut werden:						

Newsletter	1	2	3	4	5	6
Interessante Themenwahl						
Spricht mich an und interessiert mich						
Verständlich und motivierend geschrieben						
Umfang entspricht meinen Bedürfnissen						
Erscheinungshäufigkeit finde ich gut						
Kommentare und Präzisierungen in Stichworten:						

Mitarbeiterzeitung	1	2	3	4	5	6
Interessante Themenwahl						
Spricht mich an und interessiert mich						
Verständlich und motivierend geschrieben						
Umfang entspricht meinen Bedürfnissen						
Erscheinungshäufigkeit finde ich gut						
Unsere MA-Zeitschrift ist auch kritisch						
Zeige sie auch Familie/Lebenspartner						
Finde MA-Zeitschrift auf Papier gut						
Fände MA-Zeitschrift per E-Mail auch gut						

Folgende Rubriken und Themen fehlen, bzw. können ausgebaut werden:

Intranet	1	2	3	4	5	6
Ist bedienerfreundlich						
Ist aktuell						
Hat interessante Rubriken/Themen						
Informiere mich damit regelmässig						
Die Pflege der Daten ist gut						
Die Dialogmöglichkeiten überzeugen mich						
Sollte ausgebaut werden						

Kommentare und Präzisierungen in Stichworten und bei Ausbau-Wunsch Art des Ausbaus und Bedürfnisse

Fluktuationsrate

Bedeutung und Stellenwert dieser Kennziffer

Als Fluktuation wird die Anzahl der austretenden Mitarbeiter bezeichnet. Zu den Fluktuationen werden sowohl die freiwilligen (Kündigungen der Mitarbeiter) wie auch die unfreiwilligen (Kündigungen des Unternehmens) Arbeitsplatzwechsel gezählt. Dazu kommen die Pensionierungen sowie die Austritte durch Invalidität oder Tod. Die Fluktuationsrate drückt in Prozent aus, wie viele Mitarbeiter im Verhältnis zum Personalbestand innerhalb einer Zeitperiode (meist ein Jahr) das Unternehmen verliessen.

Formen der Fluktuation

Mit zunehmender Grösse des Unternehmens wächst auch die Anzahl der Personalzugänge und -abgänge. Es gibt drei grundsätzliche Formen der Fluktuation:

- Natürliche Fluktuation – Austritte durch Pensionierung, Ende Zeitvertrag, Arbeitsunfähigkeit/Invalidität, Tod
- Unternehmensinterne Fluktuation – Austritte durch Konzernwechsel innerhalb des Unternehmens oder Versetzung
- Unternehmensfremde Fluktuation – Austritte durch Wechsel in ein anderes Unternehmen aufgrund von AN/AG-Kündigung, Aufhebungsvertrag

In der Praxis ist die unternehmensfremde Fluktuation von besonderem Interesse, da sie im Regelfall den höchsten Aufwand und Know-how-Verlust darstellt. Besondere Beachtung sollte hier der ungewollten Fluktuation aufgrund von AN-Kündigungen geschenkt werden.

Fluktuationsrate		
Aussagewert/Ziel	Berechnung	Geeignete Daten
Arbeitsklima Führungsqualifikation Arbeitgeber-Attraktivität PE-Angebot Rekrutierungsqualität	$\dfrac{\text{Abgänge im Zeitraum} \times 100}{\text{durchschnittlicher Personalbestand im definierten Zeitraum}}$	Personalabteilung Personaladministration Austrittsgespräche

Aussage und Interpretation

Die so gemessene Fluktuationsrate ist ein wichtiger Indikator für die Arbeitszufriedenheit und das Unternehmensklima. Die Fluktuation kann und soll insbesondere in grösseren Betrieben differenziert für verschiedene Verantwortungsbereiche, Personalkategorien, Altersgruppen, Länge der Betriebszugehörigkeit, Geschlecht usw. ermittelt werden, um Vergleichsmöglichkeiten zu erhalten. Zudem ist die Fluktuation periodisch zu erheben, um auf der Zeitachse Veränderungen beobachten zu können. Die Fluktuation kann beispielsweise nach Unternehmensbereichen, Mitarbeitergruppen, Funktionen oder Fluktuationsursachen gegliedert werden. Es empfiehlt sich, die Fluktuationsquote mit dem Vorjahr, mit anderen Unternehmen und dem Soll-Ist zu vergleichen.

Die Interpretation ist allerdings vorsichtig vorzunehmen und Unterschiede im Fluktuationsrisiko in die Überlegungen einzubeziehen (z.B. unterschiedliches Lebensalter oder natürliche Schwankungen, insbesondere bei kleineren Gruppierungen). Hohe Fluktuationsquoten können auch auf Mängel und Fehler in der Personalauswahl und Führungsqualität zurückgeführt werden. Stark fallende Fluktuationsraten ohne interne oder externe Einflussfaktoren oder Massnahmen können zuweilen auch Krisenvorzeichen sein.

Die Kennzahl erlaubt Aussagen zur Mitarbeiterbindung, wobei externe Einflüsse wie beispielsweise der Arbeitsmarkt, Restrukturierungen oder die Konjunktur auch zu beachten sind. Aufgrund unterschiedlicher interner und externer Einflussfaktoren kann es sinnvoll sein, diese Kennzahl auch für einzelne Abteilungen oder Unternehmenssaprten zu ermitteln.

Wichtig ist der Vergleich der eigenen Fluktuationsrate mit den Fluktuationsrate anderer Unternehmen (und natürlich der Vergleich mit der eigenen Fluktuationsrate des letzten Messzeitraums). Zum Vergleich eigenen sich am besten Raten von Unternehmen aus der gleichen Branche, der gleichen Grösse etc. Je ähnlicher das Unternehmen dem eigenen Unternehmen ist, desto besser.

Problematik

Die reine Gesamtfluktuationsquote sagt jedoch zunächst noch nichts über die Qualität aus, da die Austrittsgründe nicht betrachtet werden. Deshalb ist in diesem Zusammenhang die Analyse der aus Austrittsgesprächen gewonnenen Austrittsgründe wichtig und eine weitere Untergliederung der Kennzahl hier noch notwendig. Grosses

Gewicht sollte auch den stets sehr hohen Kosten beigemessen werden, über welche diese Kennzahl allein aber nichts aussagt.

Eine Fluktuationsquote schwankt übrigens auch oft mit der Wirtschafts-, bzw. Arbeitsmarktkonjunktur. Abgänge während der Probezeit werden im allgemeinen nicht einbezogen oder in einer Frühfluktuationsquote gesondert erfasst. Ebenso nicht einbezogen werden sollten die Eigenkündigungen von Müttern nach der Geburt eines Kindes, die eher der natürlichen Fluktuation zuzuordnen sind.

Die zuvor im Zusammenhang mit der Kennzahl „Durchschnittliche Betriebszugehörigkeit" erwähnten Massnahmen zur Gegensteuerung einer ungewollt niedrigen Betriebszugehörigkeit können auch bei einer erhöhten Fluktuationsquote Verwendung finden:

Die nachfolgenden Übersichtstafeln geben, strukturiert nach Kündigungsgründen, Anregungen für Fragen und mögliche Ursachen in Austrittsgesprächen.

Persönliche Gründe	Betriebliche Gründe	Arbeits- bedingungen	Vorgesetzten- verhältnis
Studium, Aus- und Weiterbildung	Lohnattraktivität	Arbeitsplatz und Arbeitshilfsmittel	Anerkennung
Kinder, Wegzug	Stellenbeschrei- bungs-Kongruenz	Arbeitszeiten und Arbeitsklima	Autoritärer Führungsstil
Neue Perspektiven	Entwicklungs- möglichkeiten	Informations- politik	Selbständigkeit
Alter/ Pensionierung	Innovations- bereitschaft	Freiräume	persönliche Kompatibilität
Arbeitsweg	Qualität der Arbeit, organisa- torische Verände- rungen		Vorgesetzten- wechsel

Analysen von Austrittsgesprächen und Fragestellungen

Durch Austrittsgespräche können wichtige Informationen über die Situation im Unternehmen und die Gründe für die Attraktivität von Mitbewerbern auf dem Arbeitsmarkt gewonnen werden.

Hinweise zu Austrittsgesprächs-Analysen

Gibt es immer wiederkehrende Zusammenhänge zwischen Unternehmensbedingungen und Kündigungen?

Durch welche Massnahmen hätte sich die Kündigung eventuell vermeiden lassen?

Sind es Kernproblemfelder, auf die sich Äusserungen konzentrieren (Entwicklungschancen, Führungsprobleme, Unternehmenskultur usw.)?

Sind es Gründe, die weitere Kündigungen befürchten lassen oder sich auf einzelne Abteilungen konzentrieren?

Sind bestimmte Mitarbeiterkategorien häufiger vertreten als andere (Alter, Geschlecht, Hierarchien, Funktionen, Dauer Betriebszugehörigkeit, Mitarbeitersegmente nach Qualifikationen, Schlüsselpositionen usw.)

Mögliche Fragen zur Eruierung von Kündigungsgründen

Was war der wichtigste Grund für Ihre Kündigung?

Gibt es noch andere eher heikle "echte" Gründe?

Was hätte Sie von diesem Schritt abgehalten?

Unter welchen Umständen würden Sie wieder bei uns arbeiten?

Was können wir aus Ihrer Kündigung lernen?

Was werden Sie in guter bis sehr guter Erinnerung behalten?

Gibt es Dinge, die am neuen Arbeitsort wesentlich besser sind als bei uns?

Würden Sie uns in einem Satz charakterisieren?

Fluktuationskosten

Bedeutung und Stellenwert dieser Kennziffer

Diese Kennziffer fasst die Kosten von Kündigungen und Entlassungen und jene der Neurekrutierungskosten von Mitarbeitern zusammen. Die Berechnung der Durchschnittsdauer der Betriebszugehörigkeit setzt sich aus den folgenden Komponenten zusammen und wird mit dieser Formel vorgenommen:

Fluktuationskosten		
Aussagewert/Ziel	Berechnung	Geeignete Daten
Kostenentwicklung Kündigungskosten Beschaffungskosten Zeitraumentwicklung	Kündigungskosten + Beschaffungskosten = Kosten der Kündigung/Entlassung, Rekrutierung und Einarbeitung	Stellenanzeigen Vermittlungskosten Kündigungskosten Einführungsaufwand Stellvertretungsaufwand

Berechnungs- und Interpretationsbeispiel

Die Kündigungskosten eines Mitarbeiters könnten sich wie folgt zusammensetzen:

* zwei Monatsgehälter für Freistellung   EUR   15.000
* Einstellung einer Temporärangestellten   EUR   5.000
* Onlinerekrutierungs-Schaltungen   EUR   750
* Einführungskosten neuer Mitarbeiter   EUR   2.500

Somit beläuft sich der Gesamtaufwand für die Kündigung des Mitarbeiters auf EUR 23.250.

Den Aufwendungen muss aber gegebenenfalls auch ein Ertrag entgegengerechnet werden. Oftmals lassen sich unbesetzte Planstellen nicht ohne Leerlauf sofort wieder nachbesetzen. Hierdurch kann sich ein Einspareffekt ergeben. Da die Aufgaben zumeist jedoch für den Zeitraum der Nichtbesetzung an anderen Arbeitsplätzen wahrgenommen werden, müssen hier wiederum Mehraufwendungen aufgrund von Überstunden subtrahiert werden.

Beschaffung und Verarbeitung notwendiger Zahlen

Die hierfür notwendigen Daten können der Buchhaltung, der Personalabteilung und den Statistiken von Linienvorgesetzten entnommen werden.

Die Kennzahl kann auch nach Kader, Funktionen, Abteilungen und Ressorts gegliedert und näher analysiert werden. Sinnvoll ist die Betrachtung über einen längeren Zeitraum nach Monaten, Quartalen oder Jahren. Bei Reorganisationen und Rezessionen werden sich die Kosten entweder in der Beschaffung oder in der Kündigung besonders verändern.

Mögliche Ursachen und Massnahmen

Fluktuationskosten sind von zahlreichen internen und externen Faktoren abhängig. Einige Beispiele:

- Rezessionen
- Hochkonjunktur
- Zu hohe Personalrekrutierungskosten
- Zu hohe Fluktuationsquote allgemein
- Kostenintensive Sanierungen und Umstrukturierungen
- Unverhältnismässige Einführungskosten
- Zu hoher Zeitbedarf bei Einarbeitung von Mitarbeitern
- Verstärkte Rekrutierungsbemühungen im Onlinebereich
- Verstärkte Nachfrage nach Fachkräften am Arbeitsmarkt

Vergleiche mit anderen Kennzahlen

Beim Vergleich mit der Fluktuationsrate ist zu beachten, dass die Fluktuationskosten zeitversetzt erst nach dem Austritt des Mitarbeiters entstehen. Wenn beispielsweise ein Mitarbeiter am 31. Dezember eines Jahres das Unternehmen verlässt, so entsteht ein grosser Teil des Aufwands/Ertrags erst in der Folgezeit.

Personalaufwandsquote

Bedeutung und Stellenwert dieser Kennziffer

Diese Kennzahl liefert Informationen zur Personal-, Produktivitäts- und Arbeitsintensität eines Betriebes. Häufig ist eine schwache Ertragslage auch mit zu hohen Personalkosten zu erklären, da diese oft den grössten Kostenanteil ausmachen und Sozialleistungen und Lohnnebenkosten zudem tendenziell steigen.

Definition des Personalaufwandes

Der Personalaufwand umfasst alle Kosten, die durch den Einsatz von Arbeitnehmern einem Unternehmen entstehen. Unter dieser Begriffsdefinition fällt nicht der für Kalkulationszwecke herangezogene kalkulatorische Unternehmerlohn in Einzelunternehmen. Der Personalaufwand lässt sich untergliedern in den direkten Personalaufwand wie Personalkosten (z.B. Löhne und Gehälter, Ausbildungsvergütungen usw.) und den indirekten Personalaufwand wie beispielsweise Personalnebenkosten.

Für externe Anspruchsgruppen im Zuge einer Vollkostenrechnung müssen auch verschiedene Sachaufwendungen wie z.B. Miet- und Energieaufwendungen mit berücksichtigt werden.

Kennzahlen-Herkunft

Neben dem reinen Personalaufwand ist der Aufwand für Altersversorgung mit einzubeziehen sowie die sozialen Abgaben. Die Entwicklung dieser Kennzahl sollte durch plausible Erklärungen (Änderung des durchschnittlichen Personalbestands, Lohnerhöhungen, Sozialpläne) nachvollziehbar sein.

Personalaufwandquote		
Aussagewert/Ziel	Berechnung	Geeignete Daten
Personalintensität Arbeitsintensität Personalkosten Produktivität	$\dfrac{\text{Personalaufwand} \times 100}{\text{Umsatz}}$ $=$ Personalaufwandquote in %	Umsatz Personalaufwand Lohnstatistiken Produktivitätsstatistiken Marketingdaten Sachkostenreport

Mögliche Ursachen und Massnahmen

Es ist zu berücksichtigen, dass der Personalaufwand nicht nur aus den Lohnkosten und Lohnnebenkosten besteht, sondern Sozialleistungen, Rekrutierungskosten, Aus- und Weiterbildungskosten, Dienstleistungen und andere Kostenfaktoren ebenfalls miteinbezogen werden müssen. Man kann allerdings zwei Kennziffern generieren: eine, die nur die Lohnkosten betrifft und eine weitere, die sämtliche Personalkosten enthält.

Bei steigendem Personalaufwand

- Lohnerhöhungen konnten in den Verkaufspreisen nicht weitergegeben werden
- Es wurde zusätzliches Personal eingestellt, das aber noch keinen Mehrumsatz erarbeitet
- Es müssen in der Produktion vermehrt manuelle Tätigkeiten ausgeführt werden
- Gesetzliche Anforderungen erforderten einen Personalaufbau in nicht operativen Bereichen

Der Personalaufwand ist gesunken

- Personalabbau zugunsten einer Rationalisierung erzielt
- Der Umsatz konnte gesteigert werden und gleichzeitig mit dem Personal eine „Null-Runde" vereinbart werden
- Es wurde vorübergehend Kurzarbeit eingeführt
- Betriebsteile wurden ausgelagert (dadurch Verlagerung in den Sachkostenbereich)
- Vermehrter Einsatz von Beratern und Zeitarbeitskräften (dadurch Verlagerung in den Sachkostenbereich)

Netto-Personalbedarfsermittlung

Bedeutung und Stellenwert

Diese Kennzahl dient der Information, wie viele Mitarbeiter welcher Qualifikation zu welcher Zeit an welchen Orten zur Verwirklichung des geplanten Leistungsprogramms erforderlich sind bzw. zur Verwirklichung zur Verfügung stehen sollen. Wird der auf Dauer erforderliche Personalbedarf ermittelt, spricht man auch von Ermittlung bzw. Festlegung des Stellenbedarfs.

Ermittlung des Nettopersonalbedarfs	
Brutto-Personalbedarf	48
Personalbestand	- 46
Definitive Abgänge	- 4
Definitive Neuzugänge	+ 5
Nettopersonalbedarf	**3**

Quellen zur Ermittlung

Die Personalbedarfsermittlung erfolgt mittels eines Stellenplans. Grundlage sind die Soll- und Ist-Daten eines Stellenplans und vorgesehene Personalveränderungen wie Kündigungen, altersbedingte Austritte, Konjunktur, Absatzmenge und zu erwartende Eintritte. Weitere Informationsgrundlagen für eine ganzheitliche Personalbedarfsermittlung sind zum Beispiel Stellenbeschreibungen, Tätigkeitsanalysen Anforderungsprofile gesetzliche Anforderungen und Protokolle von Strategiesitzungen.

Weitere Informationen und Aussagen

Diese Kennzahl liefert auch Informationen zur Personalunter- und überdeckung. Daraus können sich Hinweise und Grundlagen für die Personalrekrutierung und den sich daraus zukünftig ergebenden Rekrutierungsaufwendungen ergeben. Ferner dient diese Kennzahl auch der Überwachung des Personalbestandes, welcher für die Kostenplanung und das Finanzwesen eine wichtige Grundlage darstellt.

Arbeitszeitvolumen

Bedeutung und Stellenwert dieser Kennziffer

Diese Kennziffer gestattet eine Aussage zum Verhältnis benötigter Arbeitsstunden zu den verfügbaren Stunden pro Mitarbeiter. Sie ist Grundlage für die Planung des Personalbedarfs und sollte in verschiedene Bereiche wie beispielsweise Produktion, Verkauf, Verwaltung untergliedert erhoben werden. Eine weitere Untergliederung nach Funktionen kann an dieser Stelle auch wichtige Daten für die Planung liefern.

Anwendung der Kennzahlen

Die Kennzahl ist wiederum im Zeitraumvergleich interessant und vor allem im Bezug zu anderen Kennzahlen wie Personalkosten, Qualifikationsstruktur oder Führungsspanne.

Arbeitszeitvolumen		
Aussagewert/Ziel	Berechnung	Geeignete Daten
Personalplanung Teilzeit- Bedarfsentscheid Personalbedarf	Benötigte Arbeitsstunden ———————————— verfügbare Stunden pro Mitarbeiter	Arbeitsrapporte Tätigkeitsanalysen Aufgabenplanungen Stellenbeschreibungen

Untersuchungsfelder und Möglichkeiten

Eine solche Kennzahl kann Motive zu geplanten Neuregelungen von Arbeitszeiten liefern. Mögliche Motive können sein:

- Reaktion auf saisonale/konjunkturelle Auslastungsschwankungen
- Verbesserter Kundenservice
- Kostensenkung durch optimierte Ansprech- und Betriebszeiten
- Abbau von Überkapazitäten und Leerzeiten
- Reduzierung von Überstunden
- Gewinnung und Bindung von Mitarbeitern
- Ausarbeitung von Worklife-Balance-Angeboten

Lohnniveau

Bedeutung und Stellenwert dieser Kennziffer

Diese Kennzahl gestattet eine Aussage zu den durchschnittlichen Lohnkosten pro Mitarbeiter.

Die Kennziffern Lohnniveau und Veränderung des Lohnniveaus sind beliebte Kennziffern. Nicht selten wird das Lohnniveau von externen Faktoren abhängig dargestellt oder aktiv durch bestimmte Massnahmen beeinflusst, z.b. durch Teilauslagerungen bestimmter Tätigkeiten wie Produktion ins Ausland.

Im Betriebsvergleich wird die Meinung vertreten, dass unter vergleichbaren Bedingungen das Unternehmen mit dem geringeren Lohnniveau über ein höheres Wertsteigerungspotential verfügt, da es durch eine höhere Produktivität eine bessere Gesamtleistung erbringen kann. Auch hier ist zu beachten, dass ein Vergleich um so aussagekräftiger ist, je vergleichbarer die Struktur, Branche und Leistungserbringung der miteinander verglichenen Unternehmen ist. Generell aber ist diese Kennzahl meistens ein interessanter Indikator zur Ergreifung gezielter Kostensenkungs- und Produktivitätssteigerungsmassnahmen.

Kennzahlen-Herkunft

Die Zahlen können aus der Buchhaltung und internen Statistiken der Lohnbuchhaltung und Personalabteilung gewonnen werden. Der Personalaufwand umfasst neben Löhnen und Gehältern auch die Sozialkosten und weitere Nebenkosten.

Lohnniveau		
Aussagewert/Ziel	Berechnung	Geeignete Daten
Wertschöpfung Personalkosten Produktivität	Unternehmens- Gesamtleistung ———— Lohnkosten	Umsatz Personalaufwand Lohnstatistiken

Mögliche Ursachen und Massnahmen

Das Lohnniveau ist gestiegen

- Es wurden zusätzliche Arbeitskräfte eingestellt

- Es wurden Lohnerhöhungen getätigt
- Die durchschnittliche Beschäftigtenzahl ist gesunken
- Analyse der Gründe für den Anstieg beim Personalaufwand
- Analyse der Gründe für die gesunkene Beschäftigtenzahl
- Neue Stellen/Funktionen erzeugten hohe Lohnkosten
- Benchmarkings erforderten Lohnerhöhungen

Das Lohnniveau ist gesunken

- Bei reduziertem Lohnniveau ist der Personalaufwand gesunken
- Die durchschnittliche Beschäftigtenzahl hat sich erhöht
- Es wurden mehr Mitarbeiter in unteren Lohnklassen eingestellt
- Es wurden Lohnkürzungen vorgenommen

Mögliche Kennzahlen-Kombinationen

- Personalaufwandsquote
- Anteile von Lohnnebenkosten
- Personalintensität
- Qualifikationsstrukturen
- Weitere Lohnniveau-Kennzahlen, z.B. Lohnstückkosten
- Weitere Produktivitätskennzahlen aus dem Mitarbeiterbereich

Lohnunterschiede sind oft durch die unterschiedlichen Profile der beiden Geschlechter, beispielsweise hinsichtlich Altersstruktur, Ausbildung oder Verantwortungsniveau am Arbeitsplatz zu erklären. Auch spielt aber die innere Einstellung zur Berufsausübung eine massgebliche Rolle. In diesem Zusammenhang noch folgende Anmerkung: Hohe Lohnkosten bedeuten übrigens nicht zwingend eine schlechte Wettbewerbsfähigkeit der Wirtschaft. Wenn die hohen Lohnkosten mit einer hohen Produktivität verbunden sind, verringern sich dadurch die Lohnstückkosten.

Weiterbildungsquote

Bedeutung und Stellenwert dieser Kennziffer

Die Kennzahl informiert darüber, wie viele Tage im Jahr ein Mitarbeiter durchschnittlich für Weiterbildung aufwendet. Damit kann auch ermittelt werden, wie viele Tage Mitarbeiter dem Unternehmen nicht zur Verfügung stehen. Je nach Organisation der Personalentwicklung ist eine Unterteilung nach Abteilungen oder in verschiedene interne und externe Weiterbildungsmassnahmen (Seminare, Workshops, Trainings on the job usw.) sinnvoll.

Kennzahlen-Herkunft

Die Zahlen können je nach Organisation von der Abteilung Personalentwicklung oder der Personalabteilung bezogen werden. Präsenz- und Abwesenheitsstatistiken der Personaladministration, die Weiterbildungs-Jahresplanung und Präsenzstatistiken aus der Abteilung sind weitere mögliche Quellen mit benötigten Daten.

Weiterbildungsquote		
Aussagewert/Ziel	Berechnung	Geeignete Daten
Abwesenheit Anteil Weiterbildung Personalentwicklungs-Engagement	$\dfrac{\text{Anzahl Weiterbildungstage}}{\text{Anzahl Mitarbeiter}}$	PE-Plan Weiterbildungsziele Absenzenstatistik Kursbescheinigung

Problematik

Bei der Kennzahl handelt es sich jedoch um eine rein quantitative Betrachtung. Die Qualität der besuchten Veranstaltungen ist objektiv schwer messbar, lässt sich aber im Anschluss an die Massnahmen durch weiterführende Aktionen im Rahmen eines Bildungscontrollings verbessern.

Mögliche Ursachen und Massnahmen

Die Weiterbildungszeit ist gestiegen

- Einführung neuer Technologien und Anforderungen (auch gesetzlicher Art)
- Einstellung jüngerer Mitarbeiter
- Verstärkte Personalentwicklungsmassnahmen
- Anhebung des Qualifikations- und Leistungsniveaus

Die Weiterbildungszeit ist gesunken

- Kostensenkungen im Bereich Personalentwicklung
- Abnehmende Bereitschaft der Aus- und Weiterbildung

Der HR-Controller kann mit seinem Know-how sowohl bei den Kosten als auch bei der Qualität der Weiterbildung einen guten Beitrag liefern. Es sind in der Regel auch keine komplizierten Verfahren notwendig, um zentrale Steuerungsinformationen für die Weiterbildung herauszuarbeiten.

Mögliche Massnahmen

Anstieg

Steigt diese Kennzahl stark an, kann es notwendig werden, die Effizienz von Weiterbildungsmassnahmen zu prüfen und die Erfolgskontrollen zu verstärken und zu systematisieren. Weiterbildungsmassnahmen verursachen hohe Kosten und verursachen Arbeitsausfälle, die sich eventuell negativ auf die Produktivität eines Unternehmens auswirken.

Abnahme

Eine markante Abnahme kann aber genau so gut ein Warnsignal sein, da Bildungsmassnahmen einen hohen Stellenwert haben und als Faktor der Motivation mittel- und langfristig Einfluss auf die Fluktuationsquote haben. Die Gründe dafür gilt es zu analysieren: Sind es Motivationsprobleme, Kostenmassnahmen, mangelnde Bereitschaft von Vorgesetzten oder fehlendes Engagement der Personalentwicklungs-Verantwortlichen?

Weiterbildungskosten pro Mitarbeiter

Bedeutung und Stellenwert dieser Kennziffer

Diese Kennzahl zeigt, wie hoch die Investitionen der Aus- und Weiterbildung in Mitarbeiter ist. Sie ist interessant im Zeitraumvergleich und auch als Instrument der Kostenkontrolle geeignet.

Weiterbildungskosten pro Mitarbeiter		
Aussagewert/Ziel	Berechnung	Geeignete Daten
Kostenentwicklung von Weiterbildungsaktivitäten Anstrengungen in der Weiterbildung	$\dfrac{\text{Weiterbildungskosten total}}{\text{Anzahl Mitarbeiter}}$	Finanzabteilung Daten aus HR-Abteilung

Untersuchungsfelder und Möglichkeiten

Wie auch bei der Weiterbildungsquote ist eine Unterteilung nach Abteilungen, Funktionen oder Hierarchieebenen sinnvoll. Vor allem ist deren Stellenwert auch hoch, wenn Strategien in der Personalentwicklung neu ausgerichtet werden, wie beispielsweise die Verlagerung der Aktivitäten in den Onlinebereich.

Wichtig ist in der Praxis auch, steigende Kosten mit Erfolgskontrollen und Auswertungen von Qualifikationen zu vergleichen oder stark steigende Kosten dahingehend zu überprüfen, wo Kosten eingespart werden können. Dies ist auf folgenden Wegen möglich:

- Gezieltere Selektion von Mitarbeitern und Abteilungen
- Verlagerung in den Onlinebereich und CBT-Massnahmen
- Strengere Analyse der Erfolgskontrollen oder deren Einführung
- Alternativen kostengünstigerer Anbieter prüfen
- Verlagerung in Inhouse-Massnahmen wie Workshops
- Vertragliche Regelung von Weiterbildungsvergütungen prüfen

Die nachstehende Übersichtstafel zeigt konkrete Möglichkeiten zur Systematik der Erfolgskontrolle in der Personalentwicklung mit Beispielen:

Systematik der Erfolgskontrolle mit Beispielen

Die Erfolgskontrolle in der Arbeitspraxis muss schon im Konzept einer PE-Aktivität enthalten und bei der Lernzielfestsetzung und Veranstalter-Evaluation ein wichtiger Bestandteil sein.

Was sind die konkreten Ziele?	Was konkret umschrieben und definiert erreicht werden soll, auch im Bezug auf Unternehmensziel-setzungen *Beispiel*: Eine Reduktion der Fehlerquoten, Steigerung der Kundenzufriedenheit oder professionelle Handhabung einer Office Software
Wo und bei wem sollen die Massnahmen wirken?	Bei welchen Kadern, bei welchen Mitarbeitern oder Abteilungen oder bei welchen Funktionen soll dies erreicht werden? *Beispiel*: Oberes Kader, Mitarbeiter mit Kunden-kontakt oder das kaufmännische Personal
Woran sind die Lern-auswirkungen erkennbar?	Quantitative und qualitative Merkmale und Be-obachtungskriterien *Beispiele*: Reduktion von Reklamations-, Fehler- und Ausfallquoten, bessere Resultate in Befragun-gen vorher-nachher, Zunahme von Verbesserungs-vorschlägen usw.
Wer stellt die Effekte wann fest?	Es muss eine Person bestimmt werden, welche die Fortschritte beobachtet, misst, festhält, vergleicht und bespricht, wöchentlich oder monatlich, inner-halb eines halben Jahres. *Beispiele*: Projektleiter, Abteilungs- oder Teamlei-ter, GL-Mitglieder oder Fachperson aus der Perso-nalabteilung
Wie wird der Lernfortschritt gemessen **und der Fortschritt beobachtet?**	Wann sollen welche Effekte spürbar, beobachtbar, erlebbar oder messbar sein? *Beispiele*: Nicht immer sind diese quantifizierbar, z.B. im Falle der Kundenberatungsqualität in einem Call Center. Doch auch eine Stimmung, ein Team-klima oder Erfolgserlebnisse können gespürt, gefühlt oder beobachtet werden

Überstundenentwicklung

Bedeutung und Stellenwert dieser Kennziffer

Die Kennzahl informiert darüber, wie effizient und gut organisiert in einem Betrieb gearbeitet wird. Über einen längeren Zeitraum hinweg verfolgt und im Abteilungsvergleich betrachtet, können hier Hinweise für Probleme in der Arbeitstechnik, der Organisation oder dem Personalbestand vorhanden sein. Zu viele Überstunden in zu vielen Abteilungen oder zu grosse Unterschiede können hohe Mehrkosten verursachen oder auf zu starken Stress hinweisen, der sich auf Dauer auch in anderen Bereichen, zum Beispiel der Krankheitsquote, Produktivität oder Qualitätsanforderungen auswirken kann.

Kennzahlen-Herkunft

Die Zahlen können je nach Organisation von der Personalabteilung, der Lohnbuchhaltung und dem verantwortlichen Linienvorgesetzten mittels Arbeitsrapporten, Einsatzplänen und Präsenzstatistiken eruiert werden.

Überstundenentwicklung		
Aussagewert/Ziel	Berechnung	Geeignete Daten
Auslastung Kapazitäten Organisation Arbeitstechniken Mehrkosten	$$\frac{\text{Ist-Arbeitszeit}}{\text{Soll-Arbeitszeit}}$$	Arbeitsrapporte Einsatzpläne Präsenzstatistiken Lohnauszahlungen

Mögliche Ursachen und Massnahmen

Personelle Kapazitäten sind ungenügend

Sind Überstunden die Regel, erstrecken sie sich also über einen längeren Zeitraum, werden sie von mehreren Mitarbeitern geleistet und ist das Arbeitsvolumen nachweisbar und nicht nur vorübergehend angestiegen, ist dies oft ein Hinweis, dass personelle Kapazitäten ungenügend sind. Die Analysen müssen aber genau sein und das Datenmaterial korrekt und aktuell. Oft sind auch Gespräche mit Mitarbeitern und Linienvorgesetzten hilfreich oder bringen Gründe hervor, an die man nicht gedacht oder die nicht bekannt waren.

Die Organisation ist ungenügend und ineffizient

Hier ist natürlich sofort Handlungsbedarf notwendig, da sonst Stress, Unzufriedenheit und Überlastung die Folge sind. Ansatzpunkte können Einsatzplanungen, Aufgabenverteilungen, Abläufe, Doppeltätigkeiten oder Terminprobleme sein. Sie können aber auch von Dritten verursacht werden, etwa im Falle mangelhafter Produkte oder Serviceleistungen, die dann beispielsweise im Call Center zu einer Zunahme von Kundenreklamationen führen.

Die Überstunden erweisen sich als nicht zwingend

Überstunden können auch ein Statusgrund haben, sich als besonders engagiert und arbeitsam zu zeigen. Die Begründung und der Nachweis der Notwendigkeit sollte deshalb klar geregelt und kommuniziert werden, am besten auch mit einer nach Positionen und Aufgaben differenzierten Obergrenze pro Zeitraum.

Überforderung von Mitarbeitern

Es kann aber auch sein, dass gewisse Mitarbeiter nicht qualifiziert genug, also einer Aufgabe nicht gewachsen sind, der Anteil neuer noch unerfahrener Mitarbeiter hoch ist oder sich die Anforderungen schlagartig erhöht bzw. verändert haben. Dies ist daran zu erkennen, dass sich die Überstunden nicht gleichmässig auf die Abteilung verteilen, sondern nur auf einen oder wenige Mitarbeiter. Gegebenenfalls kann in derartigen Fällen durch geeignete Qualifikationsmassnahmen entgegen gewirkt werden.

Qualifikationsstruktur

Bedeutung und Stellenwert dieser Kennziffer

Die auf Ziele, Strategien und Kompetenzen abgestimmte Qualifikation von Mitarbeitern ist für jedes Unternehmen von Bedeutung, um auch künftigen Herausforderungen gewachsen und auf neue Aufgaben und Technologien vorbereitet zu sein. Es geht darum, zu erfahren, wie viele Mitarbeiter einer bestimmten Qualifikationsstufe (Hilfskräfte, Fachausbildungs-Absolventen, Akademiker) im Betrieb mit welchen Qualifikationen arbeiten und wie sich diese entwickeln.

Kennzahlen-Herkunft

Die Daten können je nach Organisation von der Personalabteilung stammen. Bewerbungsunterlagen (auch von internen Bewerbern), Personal-Datenbanken, Weiterbildungsstatistiken, Personalakten und Stellenbeschreibungen können hier weiterhelfen.

Qualifikationsstruktur		
Aussagewert/Ziel	Berechnung	Geeignete Daten
Qualifikationsstruktur Kompetenz Know-How Weiterbildung Rekrutierungsqualität	$$\frac{\text{Anzahl Mitarbeiter Qualifikationsstufe A} \times 100}{\text{Gesamtzahl Mitarbeiter}}$$	Personalakten Bewerbungsunterlagen Weiterbildungen PE-Statistiken Stellenbeschreibungen

Die Daten können mit folgenden Kennzahlen verfeinert oder verglichen werden bzw. im Zusammenhang mit diesen stehen:

- Weiterbildungszeit und -kosten
- Art der Bildungsmassnahmen
- Belegschaftsstruktur
- Personalentwicklungspläne

Die Qualifikationsstruktur ist auch im Zusammenhang mit der Wettbewerbsfähigkeit, beim Angehen neuer Strategien und Ausrichtungen und bei der Betrachtung der für ein Unternehmen erfolgsrelevanter Faktoren von Bedeutung. Die demographische Entwicklung und der wirtschaftliche Strukturwandel haben wiederum Auswirkungen auf die Qualifikationsstruktur am Arbeitsmarkt.

Mögliche Ursachen und Massnahmen

Die Kennzahl sinkt

Dies kann darauf hindeuten, dass Mitarbeiter nicht häufig genug oder zu wenig gezielt weitergebildet werden, Mängel in der Personalentwicklung allgemein bestehen oder die falschen Massnahmen ergriffen wurden. Aber auch die Bewertung der Anforderungen, unsorgfältige Personaleinstellungen oder eine Abnahme des Qualifikationsniveaus kann dahinter stecken.

Die Kennzahl steigt

Der Anteil qualifizierter Mitarbeiter hat sich erhöht. Hier empfiehlt es sich zu analysieren, wo dies schwergewichtig der Fall ist und wo die Gründe dafür liegen – vor allem auch, ob diese Entwicklung erforderlich und mit den Anforderungsprofilen der Abteilungen oder den Stellenbeschreibungen vereinbar ist. Insbesondere geht hiermit oftmals ein steigendes Lohnniveau einher, was sich gegebenenfalls negativ auf Produktivität oder Lohnstückkosten auswirken kann. Ansonsten können hier Massnahmen bei der Personalgewinnung oder Versetzungen und Laufbahn-Fördermassnahmen angebracht sein.

Betriebliche Veränderungen

Bei folgenden betrieblichen Veränderungen sollte dieser Kennzahl besondere Beachtung geschenkt werden:

- Die Übernahme neuer Betriebe
- Neue Technologien oder Produktionsverfahren
- Neue Unternehmensstrategien oder –ziele
- Neue Wettbewerbssituationen
- Sanierungen und Umstrukturierungen

Veränderungen in der Qualifikationsstruktur

Die Qualifikationsstruktur ist eine Massgrundlage für die Personalstruktur als ganzes. Sie hängt eng mit der Strategie, der Kernkompetenz und dem Qualifikationsbedarf eines Unternehmens zusammen. Hier stehen Know-how- und Qualifikations-Bedarf einerseits und die Auswirkungen auf die Personalgewinnung und die Arbeitgeberattraktivität andererseits im Mittelpunkt.

Hier ist auch der Zeitraum und damit eine sinnvolle Aufgliederung in kurz-, mittel- und langfristige Zeitraumbetrachtungen eine sehr empfehlenswerte Anforderung. Ansätze für Veränderungen und Beeinflussungen sind:

- Attraktive Aus- und Weiterbildungsangebote
- Konsequente und systematische Laufbahnförderung
- Optimierung der Personalentwicklung als ganzes
- Verstärkte Ausbildung bestimmter Mitarbeitersegmente
- Nichtersetzung von Austritten ungelernter Hilfskräfte
- Einführung klarer Mindest-Standards bei Personaleinstellungen

Der Vergleich mit anderen Unternehmen der Branche gestaltet sich problematisch, da hier Faktoren wie die Automatisierung, die Organisationsstruktur oder eingesetzte Technologien grossen Einfluss haben können.

Die nachfolgende Tabelle gibt beispielhaft eine mögliche Einteilung in diverse Qualifikationskategorien wieder:

Mögliche Kategorien von Qualifikationsstrukturen

Es können bei der Bildung von Qualifikationsstrukturen je nach Branche und Unternehmen verschiedene Kategorien und Unterteilungen vorgenommen werden.	integrieren	prüfen	irrelevant	unsicher
Beruflicher Abschluss				
Ohne beruflichen Abschluss				
Berufsfach-/ Fachschule				
Lehre oder vergleichbare Ausbildung				
Techniker				
Fachhochschule				
Universitätsabschluss				
Ausbildungskombinationen				
Nur Lehre				
Lehre und Meister-/Techniker-Ausbildung				
Nur Meister-/Techniker-Ausbildung				
Fachhochschule und Lehre				
Universität und Lehre				
Nur Fachhochschule				
Nur Universität				
Berufliche Position				
Angelernte Arbeiter				
Arbeiter				
Facharbeiter				
Angestellter				
Fachexperte				
Unteres Kader				
Mittleres Kader				
Oberes Kader				

Jahresferienverteilung

Bedeutung und Stellenwert dieser Kennziffer

Diese Kennzahl informiert darüber, wie viele Mitarbeiter sich in welchen Monaten in den Ferien befinden. Sie ist für Betriebe mit saisonalen Schwankungen des Auftragseingangs wichtig und eine hilfreiche Grundlage für die Urlaubsplanung generell. Bei der Festlegung von Betriebsferien sollten die gewonnenen Informationen ebenfalls zu Rate gezogen werden.

Kennzahlen-Herkunft

Die Zahlen können je nach Organisation von der Personalabteilung und dem verantwortlichen Linienvorgesetzten mittels Einsatzplänen und Präsenzstatistiken eruiert werden.

Jahresferienverteilung		
Aussagewert/Ziel	Berechnung	Geeignete Daten
Monatsverteilung Abwesenheiten Produktionsplanung Urlaubsplanung	$$\frac{\text{Anzahl bezogener Ferientage im Monat XY} \times 100}{\text{Jahres-Gesamtzahl der Ferientage aller Mitarbeiter des Betriebes}}$$	Arbeitsrapporte Einsatzpläne Präsenzstatistiken Ferienpläne

Die Kennzahl zur Verteilung des Jahresurlaubs hilft, die Verfügbarkeit der Mitarbeiter besser zu steuern und zu überprüfen. Die Verteilung des Jahresurlaubs wird in der Regel monatlich erstellt und nach Mitarbeitergruppen, Standorten und Kostenstellen gegliedert. Als Basisdaten werden benötigt:

• Anzahl der genommenen Urlaubstage sowie
• Anzahl der Urlaubstage für alle Mitarbeiter

Bei der Abwesenheitsquote werden übrigens Urlaubstage nicht mit hinzugerechnet, sowohl bezahlte und unbezahlte, was auch für den Freizeitausgleich und sonstige gesetzliche Urlaubstage gilt.

Mögliche Ursachen und Massnahmen

Veränderte Entwicklungen können viele Ursachen und Gründe haben. Das Ferienbezugsrecht von Mitarbeitern einerseits und die Berücksichtigung betrieblicher Produktionsschwankungen andererseits sind jedoch die Hauptkriterien, die es zu berücksichtigen gilt.

Der Ferienbezug steigt in einem oder in mehreren Monaten an

Dies kann darauf hindeuten, dass neueintretende oder bestehende Mitarbeiter stärker auf die Schulferienzeit achten müssen. Aber auch ein Anstieg jüngerer oder alleinstehender Mitarbeiter kann zu einem veränderten Verhalten bezüglich Ferienplanung und Saisonalitäten des Bezugs führen. Hier sind Gespräche mit betroffenen Mitarbeitern und Analysen in der Veränderung der Belegschaftsstrukturen aufschlussreich.

Der Ferienbezug konzentriert sich zu stark auf einen Monat

Hier sind die Gründe ähnlich wie oben dargelegt. Als Massnahmen können frühe Ferienplanungen, Anreize für ferienbezugsarme Monate oder die Einführung von Betriebsferien geeignete Massnahmen sein. Auch die Ausarbeitung eines Ferienreglements kann hilfreich sein. Im Allgemeinen sollte Mitarbeitern mit schulpflichtigen Kindern während der Schulferienzeit ein Anrecht auf Bezug, vor Mitarbeitern ohne Kinder im schulpflichtigen Alter, gewährt werden.

Personalaufwand pro Mitarbeiter

Bedeutung und Stellenwert dieser Kennziffer

Diese Kennzahl gibt an, wie hoch der Personalaufwand pro Mitarbeiter in einem festgelegten Zeitraum (zumeist auf Jahresbasis) ist. Personalaufwand ist dabei definiert als die Summe aller Aufwendungen für Mitarbeiter und setzt sich aus Löhnen, Gehältern und anderen Sozialkosten bzw. Lohnnebenkosten zusammen. Es handelt sich weitgehend um Fixkosten, die in der Regel den grössten Anteil an den Betriebskosten ausmachen.

Anwendung der Kennzahlen

Die Anzahl der Mitarbeiter entspricht gewöhnlich dem teilzeitbereinigten durchschnittlichen Personalbestand während eines Jahres auf Vollzeitbasis. Auszubildende sollten zu 50% angerechnet werden. Anhand der Personalkosten können bei einem Branchen- oder Niederlassungsvergleich gewisse Rückschlüsse gezogen werden. Allerdings ist bei der Interpretation Vorsicht geboten. Hohe Personalaufwendungen pro Mitarbeiter können sowohl durch eine Überzahlung der personellen Ressourcen, als auch durch das Vorhandensein von hochqualifiziertem und daher auch entsprechend höher vergütetem Personal verursacht werden.

Mögliche Merkmale und Aufgliederung

Der Zähler kann nach verschiedenen Merkmalen, wie z.B. der Art des Personalaufwandes, verschiedenen Kostenstellenbereichen, direkter/indirekter Wertschöpfung und Verwaltung oder Rechtsstellung gewählt werden. Die Summe Personalaufwand kann beispielsweise auch in Teilbereiche wie operative/nicht operative Bereiche separiert werden.

Personalaufwand pro Mitarbeiter		
Aussagewert/Ziel	Berechnung	Geeignete Daten
Personalkosten Lohnniveau Entwicklung Sozialaufwendungen Analyse Lohnnebenkosten	$\dfrac{\text{Personalaufwand}}{\text{durchschnittliche Anzahl Mitarbeiter}}$	Lohnbuchhaltung Lohnkosten Arbeitsrapporte Lohnstatistiken

Mögliche Ursachen und Massnahmen

Steigt der Personalaufwand pro Mitarbeiter bei gleicher Beschäftigtenzahl, kann das auf vermehrte soziale Massnahmen oder ein gestiegenes Lohnniveau zurückzuführen sein. Bleibt der Personalaufwand gleich oder ist er rückläufig, obwohl mehr Mitarbeiter beschäftigt sind, lässt das auf sinkende Sozialausgaben oder auf vermehrte Einstellungen mit niedrigem Gehaltsniveau schliessen.

Steigt die Gesamtleistung, so sinkt - bei konstantem Personalaufwand - die Personalquote. Das bedeutet für die Beschäftigten eine Arbeitsverdichtung, wenn sämtliche Produktionsverfahren unverändert beibehalten werden und keine Fremdleistung zugekauft wird. Sinkt dagegen die Gesamtleistung, so steigt - bei konstantem Personalaufwand - die Personalquote. Ständig sinkende Personalaufwendungen sind in der Regel nur mit sinkendem Beschäftigungsumfang zu erzielen. Die vom einzelnen Beschäftigten zu erwirtschaftende Gesamtleistung nimmt zu.

Nachfolgend jeweils ein Beispiel zu den Faktoren Überstunden, flexible Arbeitszeit, freie Mitarbeit und Abfindungen:

Im Personalaufwand sind die bezahlten *Überstunden* enthalten. Durch *flexible Arbeitszeit* lassen sich diese Aufwendungen und somit die Personalquote senken.

Die Aufwendungen für *freie Mitarbeiter*, Leiharbeiter, Freelancer und Berater sind im Personalaufwand nicht dargestellt. Sie sind in den sonstigen betrieblichen Aufwendungen aufgeführt. Der Einsatz führt also in der Regel nicht zu einer Erhöhung der Personalquote, wenngleich sie wirtschaftlich dem Personalaufwand zuzurechnen ist. In Personalquoten, die auf Grundlage der internen Kostenrechnung des Unternehmens gebildet werden, sind die Aufwendungen für freie Mitarbeiter sowie auch für Fortbildung, Reisekosten usw. jedoch oftmals enthalten.

Unter dem Personalaufwand sind auch *Abfindungen* für ausscheidende Mitarbeiter ausgewiesen. Da diese kein Leistungsentgelt darstellen, sollten sie bei der Ermittlung von Produktivitätskennziffern herausgerechnet werden.

Steigende oder sinkende Personalkosten pro Mitarbeiter

Ein Anstieg der Kosten kann die Folge einer veränderten Konjunkturlage oder das Aushandeln neuer Gesamtarbeitsverträge sein. Verantwortlich hierfür können auch neu eingetretene Fachkräfte mit höherem Lohnniveau sein. Interessant ist in diesem Zusammenhang, die Lohnentwicklung nach Abteilungen, Unternehmensbereichen oder Belegschaftssegmenten gesondert zu errechnen. Auch Veränderungen in der Lohnpolitik können Auswirkungen haben.

Sinkende Personalkosten pro Mitarbeiter

Ein Grund für eine derartige Entwicklung kann in einer Veränderung der Personalrekrutierungspolitik mit jüngeren Mitarbeitern und damit tendenziell niedrigeren Löhnen sein. Weiterhin können mehrere Austritte älterer Mitarbeiter mit hohem Gehaltsniveau die Kennzahl nach unten beeinflussen. Auch sich auf das Personalkostenniveau auswirkende Rationalisierungsmassnahmen oder die Auslagerung von Tätigkeiten oder Abteilungen (wie der IT-Bereich) mit hohen Personalkosten können einige der möglichen Gründe für eine sinkende Personalkostenquote pro Mitarbeiter sein.

Kündigungsquote nach Beschäftigungsdauer

Bedeutung und Stellenwert dieser Kennziffer

Diese Kennzahl ergibt die durchschnittliche Dauer der Betriebszugehörigkeit auf Basis von ordentlich kündigenden Mitarbeitern.

Anwendung der Kennzahlen

Wichtig ist sie vor allem in Betrieben, die überdurchschnittlich qualifizierte Fachkräfte beschäftigen, deren Abgang für das Unternehmen immer einen hohen Know-how-Verlust darstellt. Gerade bei für die Kernkompetenzen von Unternehmen wichtigen Schlüsselpositionen ist diese Kennzahl von hoher Bedeutung.

Mögliche Merkmale und Aufgliederung

Bei dieser Kennzahl ist es daher sinnvoll, Mitarbeitersegmente zu bilden, diese gesondert zu berechnen und zu analysieren. Dies können Abteilungen und Unternehmenssparten sein, Mitarbeiter nach Alterskategorien, Mitarbeiter nach Qualifikationsebenen oder Positionen wie oberes, mittleres und unteres Management.

Kündigungsquote nach Beschäftigungsdauer		
Aussagewert/Ziel	Berechnung	Geeignete Daten
Know-how-Verlust Mitarbeiterbindung Dauer der Dienstzugehörigkeit Personalumschlag	Total der Dienstjahre aller Mitarbeiter mit ordentlichen Kündigungen ——————— Gesamtzahl der Kündigungen pro Jahr	Personalabteilung Personaladministration Personalstatistiken

Mögliche Ursachen und Massnahmen

Je nach Branchen- und Unternehmensdynamik oder dem Stellenwert von Abteilungen kann eine zu lange Dienstdauer auch zu einem Nachteil werden. Deshalb muss diese Kennzahl wie oben aufgezeigt, differenziert und nach Möglichkeit in sinnvolle Segmente untergliedert werden.

Personalkostenquote

Bedeutung und Stellenwert dieser Kennziffer

Diese Kennzahl ergibt den Kostenanteil von Personalkosten im Verhältnis zu den Gesamtkosten des Unternehmens. Personalkosten bilden in den meisten Unternehmen den grössten Kostenblock und lassen sich nur schwer kurzfristig beeinflussen. Von daher ist eine umfangreiche Analyse in vielen Bereichen sinnvoll.

Anwendung der Kennzahl

Personalkosten bestehen im engeren Sinne aus den Kosten für Gehälter und Löhne inklusive der Sonderzahlungen (z.B. Weihnachtsgeld, Erfolgsbeteiligungen). Zusätzlich müssen auch die Arbeitgeberanteile zur Sozialversicherung, Altersversorgung und Berufsgenossenschaft berücksichtigt werden.

Im weiteren Sinne sollten auch Aufwendungen für Sozialleistungen wie beispielsweise Weiterbildungsmassnahmen, Kantinenzuschüsse und Kinderbetreuung einbezogen werden. Personalkosten beziehen sich ausserdem vom Betrachtungsrahmen her meistens auf verschiedene Funktionen oder Teilbereiche in einem bestimmten Zeitraum.

In Dienstleistungsbereichen können Personalkosten bis zu 70-80 Prozent der Kosten ausmachen.

Wichtig ist diese Kennzahl vor allem im Vergleich mit anderen Unternehmen (Benchmarking) der gleichen Branche.

Personalkosten im Verhältnis zum Gesamtaufwand		
Aussagewert/Ziel	Berechnung	Geeignete Daten
Kostenentwicklung Kostenanteil	$\dfrac{\text{Personalkosten} \times 100}{\text{Gesamtkosten des Unternehmens}}$	Personalabteilung Finanzabteilung Lohnbuchhaltung

Veränderung von Personalkosten

Ein sinnvolles und oft angewandtes Ziel ist es, Personalkosten nur in dem Ausmass ansteigen zu lassen bzw. zu akzeptieren, wie die Produktivität gesteigert werden kann oder dies der Erreichung zentraler Unternehmensziele (Absatzsteigerungen, Expansion, Einsatz neuer Technologien usw.) dient. Sinnvolle Untergliederungen sind Personalkosten pro Mitarbeitersegment, pro Abteilung bzw. Organisationseinheit, diverse Zeiträume (Jahr, Monat, Stunde, Projektzeitraum) und das Verhältnis vom Personalbasisaufwand zu Personalzusatzaufwendungen. Veränderungen in der Höhe der Personalkkosten können mehrere Gründe haben wie beispielsweise:

- Veränderungen in der Einkommenshöhe
- Veränderungen in der Höhe der Sozialabgaben
- Aufwendungen für die Altersversorgung
- Höhe von Erfolgsbeteiligungen und Incentives
- Änderung von Provisions- und Bonusmodellen
- Höhere Löhne für steigende Qualifikationsanforderungen
- Konjunkturelle und Berufsbild-Veränderungen

Einsparpotenziale von Personalkosten

Abbau von Überstunden

Statt Überstunden von Mitarbeitern zu vergüten, kann der Arbeitgeber diese auch durch Freizeitausgleich und unbezahlte Ferien abbauen. Das bietet sich vor allem in Zeiten niedriger Auftragsauslastung an, lässt Kündigungen vermeiden und Arbeitsplätze erhalten.

Einführung von Kurzarbeit

Wenn Auftragsengpässe länger andauern und der Abbau von Überstunden allein nicht ausreicht, kann es sich anbieten, Kurzarbeit einzuführen. Bei Kurzarbeit wird für einen bestimmten Zeitraum die regelmässige Arbeitszeit - und entsprechend auch die Vergütung - der Mitarbeiter heruntergesetzt.

Gehaltskürzungen bzw. Änderungskündigungen

Sind alle anderen Massnahmen zur Kostensenkung ausgeschöpft und ohne Lohnkürzungen betriebsbedingte Kündigungen oder gar die Schliessung eines Unternehmens unvermeidlich, kann eine Änderungskündigung zwecks Lohnkürzung in Betracht gezogen werden.

Personalabbau

Eine weitere Massnahme, die jedoch als Ultima Ratio zu sehen ist, um kurzfristig Kosten abzubauen, ist der Personalabbau, welcher aber stets mit schwerwiegenden Konsequenzen verbunden ist. Doch das Unternehmen verliert mit Mitarbeitern immer auch Know-how und Erfahrung, was zu erheblichen Qualitätseinbussen führen und die Motivation und die Identifikation mit dem Unternehmen äusserst negativ beeinflussen kann. Ein sanfter, langfristiger, nur mit natürlichen Abgängen vorgenommener Personalabbau ist am sinnvollsten. Man unterscheidet beim Personalbbau verschiedene Massnahmen:

Indirekte Massnahmen

Reduktion von Fremdauftragsvergaben. Temporäre Veränderung Arbeitsorganisation: Massnahmen der Arbeitszeitgestaltung - Abbau von Temporär- und Teilzeitstellen - Überstundenabbau - Kurzarbeit - Sabbatical-Jahr z.B. für Weiterbildungen - Umstellung auf Jahresarbeitszeit - Gezielte Ferienplanung.

Personelle Massnahmen

Einstellungsstopp - Auslauf befristeter Verträge Nichtersetzen von Pensionierungen - Vorübergehendes Nichtersetzen von Vakanzen - Horizontale oder vertikale Versetzungen - Vorübergehendes Job-Sharing.

Direkter Personalabbau

Frühpensionierungen - Aufhebungsverträge - Einzelkündigungen - Massenentlassungen.

Angebot von Sabbaticals und Weiterbildungszeit

Dies ist ein Angebot, welches zu einer sinnvollen Nutzung der Zeit führt und flexibel gehandhabt werden kann, sowohl in zeitlicher wie auch finanzieller Hinsicht.

Rückzahlungsvereinbarung bei Weiterbildungskosten

Bei hohen Weiterbildungskosten investiert ein Unternehmen Geld in die Fort- und Weiterbildung eines Mitarbeiters. Verlässt dieser dann das Unternehmen, hat der Arbeitgeber das Nachsehen. Vorbeugend kann er eine schriftliche Rückzahlungsvereinbarung treffen. Der Arbeitgeber kann demnach wenigstens einen Teil der Kosten zurückverlangen, wenn der Mitarbeiter kündigt oder Anlass zu einer verhaltensbedingten Kündigung gibt.

Vorruhestandsregelungen

Die Versetzung von Mitarbeitern in den Vorruhestand kann dem Unternehmen weitere Einsparungen ermöglichen, wenn die Stellen nicht wieder neu besetzt werden.

Reduktion von Fehlzeiten

Wenn Mitarbeiter ausfallen, kann das dem Arbeitgeber teuer zu stehen kommen: bis zu sechs Wochen lang muss er den Lohn weiterzahlen, ohne eine Gegenleistung zu erhalten. Oft müssen zudem zusätzliche Überstunden oder Aushilfskräfte bezahlt werden, damit die liegengebliebene Arbeit erledigt wird. Bis zu 40 % aller Fehlzeiten sind laut Expertenschätzung durch geringe Arbeitszufriedenheit und mangelnde Motivation der Mitarbeiter beeinflusst.

Outsourcing

Der Hauptvorteil von Auslagerungen: Die Leistungen können nach Bedarf abgerufen und nur die tatsächliche Arbeit muss bezahlt werden. Auch wenn Outsourcing auf den ersten Blick teurer erscheint, als eigene Mitarbeiter einzusetzen, lohnt sich ein Vergleich der tatsächlichen Ausgaben. Es muss auch berücksichtigt werden, dass für den Arbeitgeber keine Kosten für Entgeltfortzahlungen etc. entstehen. Ein weiterer Vorteil ergibt sich aus der durch diese Massnahme geschaffenen Kostentransparenz.

Arbeitszeitflexibilisierungen

Auch Massnahmen in diesem Bereich können Personalkosten senken und Produktionsschwankungen ausgleichen. Bei der Einführung flexibler Arbeitszeiten ist die Zeiteinteilung, die Trennung von Betriebs- und Arbeitszeit und von Entgelt und Arbeitszeit und der Ausgleich der Überstunden zu beachten. Als innovativ gelten Arbeitszeitflexibilisierungen, die mehrere Merkmale miteinander verbinden wie Gleitzeit, Job-Sharing, Telearbeit, Teilzeit à la carte, gleitender Ruhestand und Lebensarbeitszeit.

Die Verbesserung unterschiedlicher Wettbewerbsfaktoren trägt dazu bei, verschiedene Kosten zu reduzieren. Mit flexiblen Arbeitszeiten lassen sich beispielsweise Überkapazitäten an Personal vermeiden oder Stückkosten durch verlängerte Maschinenlaufzeiten senken. Auch die stärker auf Kapazitäten und Auftragslage ausgerichteten Flexibilisierungen bieten erhebliches Sparpotenzial.

Krankenquote

Bedeutung und Stellenwert dieser Kennziffer

Die Krankenquote gibt den prozentualen Anteil der Ausfallzeiten aufgrund von Krankheit zu der Summe aller zu leistenden Arbeitsstunden an. Zähler und Nenner können nach verschiedenen Merkmalen, wie z.b. Geschlecht, versch. Kostenstellenbereichen oder Rechtsstellung gewählt werden.

Anwendung der Kennzahlen

Diese Kennzahl ist vor allem im Zeitvergleich und im Vergleich zu anderen Abteilungen und Unternehmensbereichen, im Vergleich zum Vorjahr oder auch zu anderen Unternehmen sinnvoll. Definiert sollte hier sein, ob Kuren und Betriebsunfälle oder Mitarbeiter ausserhalb der Lohnfortzahlung mit berücksichtigt werden sollen. Zudem ist diese Kennzahl von Branche zu Branche stark schwankend, da sie beispielsweise stark beeinflusst wird von der Art der Arbeit, den generellen Arbeitsbedingungen und dem Alter der Belegschaft.

Krankenquote		
Aussagewert/Ziel	Berechnung	Geeignete Daten
Gesundheitlicher Zustand der MA Arbeitseinrichtungen Motivation Gesundheitliche Betriebsleistungen	$\dfrac{\text{Anzahl krankheitsbedingter Ausfallzeiten} \times 100}{\text{Anzahl aller zu leistenden Arbeitsstunden}}$	Absenzstatistiken Arztzeugnisse Einsatzrapporte Vertrauensarzt-Dokumente Zeiterfassungsstatistiken

Mögliche Ursachen und Massnahmen

Eine Zunahme dieser Kennzahl kann entweder auf ein schlechtes Betriebs- und Arbeitsklima, Führungsschwächen, eine Krankheitsepidemie, eine überalterte Belegschaft, viele Schwangerschaften, gefährliche Arbeit oder eine allgemeine schwache Arbeitsmotivation hinweisen. Ebenso können aber ungenügende Einrichtungen und Dienstleistungen im Gesundheitsmanagement oder gesundheitliche Schutzmassnahmen und Sicherheitsbestimmungen zugrunde liegen. Burnout-Probleme, Suchtprobleme oder Überforderung am Arbeitsplatz können weitere Gründe sein.

Massnahmen

Rückkehrgespräche mit Mitarbeitern

Kehrt ein Mitarbeiter nach langer Krankheit an seinen Arbeitsplatz zurück, kann ein persönliches Gespräch zu einer genaueren Ursachenanalyse beitragen. Hier geht es um den Gesundheitszustand, das Erkundigen nach dem Wohlbefinden und das Angebot eventueller Hilfe oder Entgegenkommen, beispielsweise in punkto Arbeitszeit. Vor allem aber sind auch die möglichen versteckten Gründe mit Empathie zu eruieren.

Massnahmen im betrieblichen Gesundheitsmanagement

Vorausschauende Unternehmen investieren immer mehr auch in das betriebliche Gesundheitswesen. Dies trägt zur Mitarbeiterbindung bei, ist eine hoch geschätzte über den Beruf hinausgehende Dienstleistung, verbessert das Arbeitgeberimage nachhaltig und senkt die Krankenquote.

Eine leistungsfähige Gesundheitsförderung soll die Mitarbeiter befähigen, stärker Einfluss auf wichtige gesundheitliche Aspekte und Verhaltensweisen zu nehmen. Dazu gehört einerseits die Verminderung gefährdender Einflüsse und Verhaltensweisen – also die Prävention – und andererseits die Stärkung fördernder Einflüsse und möglicher Aktivitäten, also die Ressourcen.

Arbeitsplatz- und Tätigkeitsanalysen

Hier sind je nach Tätigkeit verschiedene Einrichtungen zu prüfen wie Arbeitsplatz-Ergonomie, Einsatz der Arbeitsinstrumente, Körperhaltung, Befolgung von Gesundheitsvorschriften, Einhaltung von Pausen- und Ruhezeiten-Vorschriften und viele mehr.

Führungs- und Motivationsprobleme schnell angehen

Diese Probleme können sehr vielseitig sein: Überforderung, fehlende Perspektiven oder Wertschätzung, Mobbing und vieles mehr. Bei starker Zunahme der Krankheitsquote sind genaue Beobachtungen, Gespräche mit Vorgesetzten und Mitarbeitern wichtige Mittel, sofort einzugreifen und den Ursachen auf den Grund zu gehen. Die nachfolgende Checkliste vermittelt konkrete Warnsignale von Demotivation und innerer Kündigung.

Alarmsignale von innerer Kündigung	keine Anzeichen	teilweise vorhanden	oft zu beobachten
Ein Minimum an Überstunden oder gar keine			
Abgrenzung gegenüber Team und Arbeitskollegen			
Plötzliche Passivität und Interesselosigkeit			
Schlagartige Produktivitätssenkung			
Keine Vorschläge und Kritik mehr			
Abschätzige und ironische Äusserungen			
Nachlassende Kommunikation			
Nachlassende Hilfsbereitschaft			
Fernbleiben von betrieblichen Anlässen			
Anstieg von Absenzen			
Häufigeres Zuspätkommen			
Generell negative(re) Verhaltensweisen			
Keine Teilnahme mehr an Meetings			
Ausdehnung der Mittagspausen			
Zunehmend negative Äusserungen über Arbeitgeber			
Passivität gegenüber Kunden- und Lieferantenanliegen			
Positive Persönlichkeitsmerkmale treten in Hintergrund			
Verkrampftes freudloses Verhalten bei Arbeit und Team			
Dienst nach Vorschrift und Pflichtenheft			

HR-Kosten pro Mitarbeiter

Bedeutung und Stellenwert dieser Kennziffer

Diese Kennzahl ist insbesondere bei der Kommunikation des Nutzens von Personalarbeit von Interesse und kann hilfreich beim weiteren Ausbau von HR-Abteilungen sein. Personalentwicklungs- und allenfalls auch Personalgewinnungskosten können eventuell ausgeklammert werden, da sie nicht in direktem Zusammenhang zu HR-Leistungen stehen und das Bild verfälschen könnten. Zudem sind diese Kosten den einzelnen Einheiten direkt zurechen- und somit auch belastbar.

Anwendung der Kennzahlen

Die Kennzahl repräsentiert den Stellenwert der HR-Leistungen und rechtfertigt diese. Sie ist eine gute Entscheidungsgrundlage für grössere Investitionen wie Personalinformationssysteme, Kompetenz- und Funktionserweiterungen oder neue Dienstleistungen zur Mitarbeiterbetreuung. Auch in Fragen des Outsourcings oder bei strategischen Aufgabenerweiterungen kann diese Kennzahl hilfreich sein.

HR-Kosten pro Mitarbeiter		
Aussagewert/Ziel	Berechnung	Geeignete Daten
Kostenentwicklung HR-Positionierung Kosten-Nutzen-Analyse bei neuen Dienstleistungen	$\dfrac{\text{HR-Kosten insgesamt}}{\text{Anzahl aller Mitarbeiter}}$	Kostenstatistiken HR-Leistungskatalog Finanzbuchhaltung

Mögliche Probleme

Diese Kennzahl ist nicht einfach zu definieren und die Kosten sind teilweise schwierig abzugrenzen. Es sollte auch genau überlegt werden, welche grösseren Kostenblöcke enthalten sein dürfen oder sollen. Demzufolge sind grössere Schwankungen genau zu erklären und die Abgrenzungsproblematik ist stets zu beachten.

Je nach Ziel und Anforderungen sollten die HR-Kosten auch detaillierter untergliedert werden, um hier ausreichende Transparenz der Personalarbeit zu gewährleisten.

Quote Verbesserungsvorschläge

Bedeutung und Stellenwert dieser Kennziffer

In internen Kommunikationsmedien und auf Versammlungen wird diese Kennzahl oftmals erwähnt. Sie kann nach Abteilungen, Unternehmensbereichen, Niederlassungen oder Mitarbeitersegmenten (Führungskräfte, kaufmännisches Personal, IT-Abteilung usw.) untergliedert werden. Der Stellenwert der Kennziffer steigt bei der Belegschaft im Regelfall mit der Höhe der ausgezahlten Prämien für die eingereichten Vorschläge.

Anwendung der Kennzahlen

Die Kennzahl ist ein interessanter Indikator des Engagements und der Motivation und dem Interesse des Personals an der Unternehmensentwicklung generell. Es lassen sich mit dieser Kennzahl, beispielsweise nach Personalentwicklungsmassnahmen oder Zielvereinbarungen, genau messbare Ziele setzen. Als Folge-Kennzahl kann auch eine Umsetzungsquote eingereichter Verbesserungsvorschläge Hinweise zur Qualität von Verbesserungsvorschlägen liefern.

Quote Verbesserungsvorschläge		
Aussagewert/Ziel	Berechnung	Geeignete Daten
Engagement Motivation Qualifikation PE-Erfolgskontrollen	$$\frac{\text{Anzahl Verbesserungsvorschläge}}{\text{Anzahl aller Mitarbeiter}}$$	Personalabteilung Abteilungsstatistiken Gesprächsprotokolle Zielvereinbarungen

Mögliche Probleme

Diese Kennzahl sagt mit der rein quantitativen Aussage nichts über die Qualität, die Brauchbarkeit und die Umsetzung von Vorschlägen und Verbesserungen aus. Eine rapide sinkende Kennzahl kann auf Führungsprobleme oder rückläufige Motivation bzw. Identifikation mit dem Unternehmen zurückzuführen sein. Eine stark steigende kann allenfalls auf einzelne, neu eintretende Mitarbeiter, erhöhte Prämien oder erhöhte Mitarbeitermotivation zurückgeführt werden. Auf jeden Fall sind Analysen und Interpretationen dieser Kennzahl mit Vorsicht vorzunehmen.

Erfolgsvoraussetzungen

Das Vorschlagswesen ist ein für Mitarbeiter und Unternehmen gewinnbringendes Instrument. Es führt zu verbesserter Motivation, Förderung von Kreativität und Innovation, gibt neue ausserhalb von Tätigkeitsprofilen liegende Herausforderungen und ist zugleich ein Rationalisierungsinstrument und eine Grundlage für Massnahmen in der Personalentwicklung. Damit das Vorschlagswesen seinen Zweck erfüllt, sind allerdings einige Punkte zu beachten:

- Konkrete Lösungen mit Soll-Ist-Zustand und Fakten anfordern
- Ziel und Nutzen des Vorschlages verlangen
- Quantitative und qualitative Aspekte miteinbeziehen
- Unterstützung geben (Formulierung, Systematik, Daten usw.)
- Umsetzungs-Voraussetzungen und Anforderungen definieren
- Prämien und Belohnungen müssen klar und motivierend sein
- Bei Realisierung genaue Kriterien für Erfolg festlegen
- Wert und Wirkungen/Erfolge gesamtbetrieblich kommunizieren

Weitere Kennzahlen zum Vorschlagswesen

Es gibt eine ganze Reihe von zusätzlichen Kennzahlen von Realisierungsquoten über Prämien bis zu Aufwendungen, welche eine differenzierte Messung und Beurteilung gestatten. Einige Beispiele:

- Annahme-, Ablehnungsquote Vorschlagswesen
- Verbesserungsvorschläge pro 100 Mitarbeiter
- Einsparungsquote
- Bearbeitungszeit pro Vorschlag
- Ausbezahlte Durchschnittsprämien
- Eingereichte Vorschläge nach Alter/Abteilungen
- Vorschlagseinreicher in Prozenten aller Mitarbeiter
- Prämierungen nach Themen oder Prämienhöhen
- Strukturanalyse Vorschlagsteilnahme

Insbesondere der letzte Punkt kann wichtige Hinweise geben, weshalb allenfalls gewisse Mitarbeitergruppen oder Abteilungen an der Vorschlageinreichung untervertreten sind. Gezielte Fördermassnahmen können hier Gegensteuer geben und Mitarbeiter aktivieren.

Erfolgsbeteiligung pro Mitarbeiter

Bedeutung und Stellenwert dieser Kennziffer

Diese Kennzahl dient dem Zweck, Formen, Modelle, Planung und Steuerung der Erfolgsbeteiligung im Interesse der Zielerreichungen optimal beeinflussen zu können. Sie ist ein aufschlussreiches Mass für die Bereitschaft eines Unternehmens, Mitarbeiter am wirtschaftlichen Erfolg des Unternehmens teilhaben zu lassen.

Anwendung der Kennzahlen

Sinnvoll ist bei dieser Kennzahl die Aufgliederung in Abteilungen und Mitarbeitersegmente und natürlich der Soll-Ist- und Zeitvergleich. Auch das Branchen-Benchmarking kann hier wertvollen Aufschluss über die Arbeitgeber-Attraktivität geben.

Erfolgsbeteiligung pro Mitarbeiter		
Aussagewert/Ziel	Berechnung	Geeignete Daten
Kostensteuerung Motivationsförderung Arbeitgeber-Attraktivität Personalpolitik und – philosophie	Aufwendungen für Erfolgs-beteiligungen ——————— Anzahl aller Mitarbeiter	Aufwendungen für Erfolgsbeteiligungen Lohnbuchhaltung Anzahl Mitarbeiter Zielvereinbarungen

Mögliche Ziele und Voraussetzungen

Diese Kennzahl ist nur dann sinnvoll, wenn die Ziele und Zielerreichung, die mit Erfolgsbeteiligungen angestrebt werden wollen, klar sind und kommuniziert werden. Dies können sein:

- Einbindung und Wertschätzung der Mitarbeiter
- Stärkung der Wettbewerbskraft in allen Märkten
- Förderung des betrieblichen Gemeinschaftsgefühls
- Förderung der Mitarbeiter-Denkhaltung zu Unternehmern

Transparente, faire, messbare und erreichbare Zielsetzungen sind nebst der Höhe und Beeinflussbarkeit von Erfolgsbeteiligungen ebenfalls wichtig, um diese als wirksames Motivationsinstrument nutzen zu können.

Kosten pro Stellenbesetzung

Bedeutung und Stellenwert dieser Kennziffer

Diese Kennzahl ist vor allem im Vergleich mit anderen Branchen (Benchmarking) von Interesse. Sie zeigt der Geschäftsleitung und den Führungskräften, wie hoch vor allem im Jahresbezug aller Stellenbesetzungen die Kosten für Neubesetzungen jeweils sind.

Anwendung der Kennzahlen

Die Kennzahl gibt Hinweise, wie effizient, kostenbewusst und gut organisiert der Prozess der Personalgewinnung und Personalauswahl im Unternehmen ist. Die internen Kosten umfassen HR-Löhne, Infrastruktur, Verbrauchsmaterial usw. Die externen Kosten können Insertionskosten, Personalvermittlungen, Anzeigentexte und mehr sein. Die grössten Kostenblöcke sind oft die Schaltkosten und die Personalvermittlungskosten.

Kosten pro Stellenbesetzung

Aussagewert/Ziel	Berechnung	Geeignete Daten
Rekrutierungseffizienz Branchenvergleich Erfolgskontrollen für Reorganisation Outsourcing-Erfolgskontrollen	Interne HR-Kosten + externe Rekrutierungskosten ——————— Anzahl neu besetzte Stellen	Personalabteilung Entsprechende Kostenstelle Personaladministration

Mögliche Probleme

Die Erfassung externer Kosten gestaltet sich relativ einfach, da in den meisten Fällen sämtliche Kosten klar zugeordnet werden können. Schwieriger ist dies bei den internen Kosten, da dort die Zuordnung nicht immer klar sein dürfte. Die Kennzahl wird massgeblich von der Situation am Arbeitsmarkt beeinflusst. In einigen Bereichen ist begehrtes Fachpersonal oftmals nur über die dementsprechenden finanziellen Anreize zu rekrutieren, was durch viele Auswahlgespräche die Kosten pro Stellenbesetzung in die Höhe treiben kann.

Die nachfolgende Übersicht eines Ablauf- und Organisationsplanes zum Auswahlprozess zeigt, wo intern und extern welche Kosten entstehen können:

Ablauf- und Organisationsplan des Auswahlprozesses		
Schritt, Aufgabe	**Wer?**	**Wann?**
Vorbereitung		
Personalplanung und Bewilligung		
Kosten und Budgets		
Anforderungsprofil erstellen		
Beteiligte und Verantwortliche festlegen		
Termine planen und koordinieren		
Bewerberverwaltung organisieren		
Suchvorgehen bestimmen		
Suchkanäle bestimmen		
Koordination der Kanäle sicherstellen		
Kosten und Verfügbarkeit planen		
Vorauswahl		
Eingangsbestätigungen schreiben		
Unterlagen analysieren		
Kriterien und Organisation festlegen		
Einladung zu Vorstellungsinterviews		
Interviews		
Interviewart und relevante Fragen		
Beteiligte und Dauer festlegen		
Kongruenz mit Anforderungsprofil sicherstellen		
Weitere Auswahlinstrumente organisieren		
Anzahl maximale Interviews bis zum Entscheid		
Organisation der Referenzen		
Entscheidung		
Wer entscheidet mit wem wann?		
Welche Instrumente werden eingesetzt?		
Absagen und Zusagen nach dem Entscheid		
Wer wird wie und wann informiert?		
Eintritt und Vertrag vorbereiten		
Kosten- und Erfolgskontrolle		

Durchschnittlicher Beschäftigungsgrad/Teilzeitquote

Bedeutung und Stellenwert dieser Kennziffer

Der Beschäftigungsgrad gibt das Verhältnis zwischen Vollzeit- und Teilzeitbeschäftigten an. Ein niedriger durchschnittlicher Beschäftigungsgrad bedingt zusätzliche Anforderungen an die Planung der Verfügbarkeit der Teilzeitkräfte sowie leicht erhöhten Führungs- und administrativen Aufwand.

Berechnungsarten und Aussagekraft

Bei der Berechnung kann man einerseits, unabhängig von dem Teilzeitanteil, von der Anzahl der teilzeitbeschäftigten Mitarbeiter ausgehen, andererseits die Mitarbeiter nach ihrer anteiligen Arbeitszeit berücksichtigen. Diese werden dann der Gesamtzahl der Mitarbeiter gegenübergestellt. Bei der anteiligen Betrachtung wird bedacht, dass die Wochenarbeitszeit der Teilzeitbeschäftigten unterschiedlich stark voneinander und/oder von der üblichen Normalwochenarbeitszeit abweichen kann.

Anwendung der Kennzahlen

Die Kennzahl ist vor allem interessant im Bezug zu anderen Kennzahlen wie Personalkosten, Qualifikationsstruktur und Leitungsspanne.

Durchschnittlicher Beschäftigungsgrad		
Aussagewert/Ziel	Berechnung	Geeignete Daten
Arbeitszeitflexibilität als Arbeitgeber Mehraufwand Mehrkosten Arbeitgeber- Attraktivität	Vollarbeitszeitanteile (VAK) ————————— Gesamtsumme Mitarbeiter	Arbeitsrapporte Einsatzplanungen Lohnbuchhaltung Personaladministration

125

Definition des Zielwertes

Problematisch bei dieser Kennzahl ist, dass zur Beurteilung ein angemessener Zielwert definiert werden muss. Der kann von Unternehmen zu Unternehmen und vor allem auch von Branche zu Branche unterschiedlich sein. Darüber hinaus sagt diese Durchschnitts-Kennzahl nichts darüber aus, ob die funktionale Verteilung der Teilzeitkräfte im Unternehmen inhaltlich sinnvoll ist.

Es sollte stets hinterfragt werden, wie der angestrebte Zielwert ermittelt und begründet wird. Ist er plausibel und nachvollziehbar? Wird diese Kennzahl nur für den Gesamtbetrieb oder auch für einzelne Abteilungen gebildet? Letzteres kann bei der funktionalen Beurteilung helfen. Ebenfalls interessant ist, ob Mitarbeiter mit ihrer Wochenarbeitszeit zufrieden sind, oder ob sie eine andere Wochenarbeitszeit bevorzugen würden. Das könnte im Rahmen einer Mitarbeiterbefragung erhoben werden.

Aussagen und Vor- und Nachteile

Teilzeitkräfte erbringen oft mehr über das prozentuale Arbeitspensum hinausgehende Leistungen. Zudem sind Teilzeitstellen – auch für Führungskräfte – ein zunehmend wichtiges Bedürfnis von Arbeitnehmern, welches wiederum Auswirkungen auf die Motivation, Zufriedenheit und Arbeitgeberattraktivität des Unternehmens am Arbeitsmarkt hat.

Diesen positiven Aspekten stehen aber auch Nachteile gegenüber. Es sind diejenigen Mehrkosten und Mehraufwendungen, die jeder Mitarbeiter unabhängig von seinem Arbeitpensum hat wie Führungsaufwand, Administration und Einsatzplanung. Zu beachten ist ferner auch, dass mögliche Überstunden in dieser Kennzahl nicht erscheinen.

Des Weiteren kann in beratungsintensiven Branchen eine hohe Teilzeitquote zu verringerter Kundenzufriedenheit führen, da diese oftmals nur mit einem Ansprechpartner Kontakt halten möchten. Generell ist in Unternehmen mit hohem Expertenanteil eine hohe Teilzeitquote zwar wunschenswert, aber oftmals nicht realisierbar.

Umsatz pro Mitarbeiter

Bedeutung und Stellenwert dieser Kennziffer

Der Umsatz pro Mitarbeiter ist ein Indikator, um den Auslastungs-
grad der Mitarbeiter insbesondere in operativen Bereichen zu überprüfen. Die Kennzahl kann Aufschluss geben über die Effizienz des
Einsatzes der Mitarbeiter, die Umsatzrentabilität und die Mitarbei-
terintensität.

Anwendung der Kennzahlen

Die Anwendung und Analyse dieser auf den ersten Blick einfachen
Kennzahl sollte sorgfältig und unter Berücksichtigung aller Einflussfaktoren vorgenommen werden. So beeinflussen beispielsweise
Personalbestandsveränderungen, die Entwicklung neuer Geschäfts-
sparten oder geänderte gesetzliche Anforderungen diese Kennzahl
überdurchschnittlich. Dadurch ist dann jedoch keine Aussage zu
nachlassender Effizienz oder eine schlechter werdende Kostenstruk-
tur möglich.

Die Kennzahl gewinnt erst im Zeitverlauf an Bedeutung und Aussagekraft. Sie kann auch für Geschäftsperioden angewendet werden,
sofern die erforderlichen Daten vorliegen. Ein permanent steigender
Indikator kann auch auf rentable Investitionsmassnahmen mit Verbesserung der Effizienz oder organisatorische Verbesserungen und
Optimierungen hinweisen.

Umsatz pro Mitarbeiter		
Aussagewert/Ziel	Berechnung	Geeignete Daten
Effizienz Auslastung Einblick in Fixkosten und Ertragskraft Umsatzrentabilität	$\dfrac{Unternehmensumsatz}{Gesamtsumme\ Mitarbeiter}$	Finanzdaten HR-Mitarbeiterdaten HR-Administration

Bezugnahmen und Analyse der Kennzahl

Ins Verhältnis der Mitarbeiterzahl setzen lassen sich aber auch weitere Finanz- oder Mengenwerte. Vor allem der Bezug zur Gewinnmarge ist sehr empfehlenswert und kann umsatzbasierende Betrachtungen relativieren oder in einem neuen Licht erscheinen lassen:

- Cashflow
- Betriebsergebnis
- Kapitaleinsatz
- Kosten
- Kundenzahl

Diese sollten dann mit Finanzexperten und Finanzcontrollern zusammen erarbeitet und analysiert werden. Aufschlussreich ist die Kennzahl auch bezüglich der Analyse, Entwicklung und Bestimmung von Fixkosten. Auch kann sie als Instrument zur Prognose zukünftiger Gewinne dienen.

Der Umsatz pro Mitarbeiter ist auch stark von Outsourcingaktivitäten abhängig. Werden zum Beispiel Leistungen, die bisher von der Hälfte der Mitarbeiter erbracht wurden, ausgelagert und fremdbezogen, so erhöht sich der Umsatz pro Mitarbeiter. Die eigentliche Produktivität bleibt jedoch unverändert. Ein anderes Beispiel: Auch wenn der Mitarbeiter durch eine Maschine ersetzt wird, steigt der Umsatz pro Mitarbeiter an, obwohl die Investition ineffizient ist.

Personalintensität

Bedeutung und Stellenwert dieser Kennziffer

Diese Kennzahl gehört zu den bekanntesten Personal-Kennzahlen, die zur Personalkostenanalyse verwendet werden. Sie kann als Mass für die Anfälligkeit des Unternehmens gegenüber Lohn- und Gehaltserhöhungen (oder anderer Personalkostenarten) verstanden werden und informiert über die Wirtschaftlichkeit des Faktors Arbeit. Der Personalaufwand ergibt sich aus Löhnen, Gehältern und Sozialaufwand. Diese Kennzahl wird auch Personalaufwandsquote genannt.

Die Betriebsleistung ergibt sich aus der Summe von Umsatz plus Bestandsveränderungen plus aktivierte Eigenleistungen und sonstiger betrieblicher Erträge.

Personalintensität		
Aussagewert/Ziel	Berechnung	Geeignete Daten
Wirtschaftlichkeit Faktor Arbeit Arbeitsproduktivität Rationalisierungs- möglichkeiten	$\dfrac{\text{Personalkosten x 100}}{\text{Betriebsleistung}}$	Lohnbuchhaltung Sozialkosten Altersversorgung Daten aus HR- Abteilung

Aussagen und Beispiel

Diese Kennzahl ermöglicht es, die Entwicklung der Wirtschaftlichkeit des Personaleinsatzes im Zeitverlauf und im Branchenvergleich zu verfolgen. Je niedriger die Kennzahl ist, desto rentabler wird Personal eingesetzt. Die Entwicklung muss durch plausible Erklärungen (Änderung des durchschnittlichen Personalbestandes, Lohnerhöhungen, Sozialpläne) nachvollziehbar sein und ist in der Analyse und Interpretation anspruchsvoll.

Ein Beispiel: Ein Unternehmen mit CHF 1.500.000 Umsatz hat einen Personalaufwand von CHF 600.000. Daraus ergibt sich folgende Personalintensität: 600.000/1.500.000 x 100 = 40%. Das Unternehmen hat damit eine umsatzbedingte Personalintensität in Höhe von 40 %.

Produktivität pro Mitarbeiter

Bedeutung und Stellenwert dieser Kennziffer

Diese Kennzahl ermittelt die Produktivität der Arbeitskraft. Dazu wird die Wertschöpfung, also der im Betrachtungszeitraum geschaffene neue Wert bzw. die Summe der erzielten Einkommen pro Mitarbeiter ermittelt. Die Wertschöpfung wird berechnet, indem vom Umsatz die von anderen Unternehmen bezogenen Vorleistungen (Material, Dienstleistungen etc.) abgezogen werden. Je höher der Wert, desto höher ist die Arbeitsproduktivität.

Aussagekraft

Die Aussagekraft dieser Kennzahl ist hoch, da durch die Wahl der Wertschöpfung als Bezugsgrösse automatisch die Fertigungstiefe (welcher Anteil am Produkt wird selbst erstellt und nicht von Zulieferern eingekauft?) im Unternehmen berücksichtigt wird. Sie eignet sich daher erheblich besser zur Beurteilung der Produktivität als die oft benutzte Kennzahl »Umsatz je Mitarbeiter«, da diese sich allein durch Veränderung der Fertigungstiefe ändert. Auch die Vergleichbarkeit mit Werten anderer Unternehmen ist besser als bei der Kennzahl Umsatz je Mitarbeiter.

Produktivität pro Mitarbeiter		
Aussagewert/Ziel	Berechnung	Geeignete Daten
Effizienz Produktivität Leistungsfähigkeit Organisation Technologiestand	$\dfrac{\text{Wertschöpfung}}{(=\text{Umsatz} - \text{Vorleistungen})}$ $\dfrac{}{\text{Gesamtanzahl Mitarbeiter}}$	Finanzdaten Wertschöpfungsdaten HR-Administration

Beispiel aus der Praxis

Ein Unternehmen hat insgesamt 245 Mitarbeiter. Im Vormonat wurde eine Wertschöpfung von insgesamt EUR 1,488 Mio. erwirtschaftet. Die Zahl der Vollzeitangestellten ergibt sich durch Umrechnung der Teilzeitbeschäftigten auf Vollzeitkräfte und beträgt 235,5. Daraus ergibt sich für diese Kennzahl ein Wert von EUR 1.488.000 / 235,5 = EUR 6.318,47.

Personaldeckungsgrad

Bedeutung und Stellenwert dieser Kennziffer

Diese Kennzahl sagt aus, wie hoch der Anteil der effektiv erfolgten Personaleinstellungen im Vergleich zu den real benötigten Mitarbeitern ist.

Aussagekraft

Im Idealfall sollte die Kennzahl bei 100% liegen, was bedeutet, dass alle Stellen eines definierten Zeitraumes oder einer untersuchten Abteilung besetzt sind. Wenn nicht alle Stellen besetzt sind, hat bei einem Anstieg dieser Kennzahl die Besetzung noch offener Stellen zugenommen. Reduziert sich der Personaldeckungsgrad, so kann dies auf eine erhöhte Fluktuation, Probleme der Organisation, falsche Vorgehensweise in der Personalrekrutierung hinweisen oder eine Veränderung der Wirtschafts- oder Arbeitsmarktlage. Ein weiterer Grund kann sein, dass bestimmte Schlüsselpositionen mit besonders hohen Anforderungen vom Arbeitsmarktangebot her nur schwer besetzt werden können.

Personaldeckungsgrad		
Aussagewert/Ziel	Berechnung	Geeignete Daten
Effizienz Produktivität Organisation Optimierungs-Möglichkeiten bei der Personalrekrutierung	$\dfrac{\text{Erfolgte Einstellungen} \times 100}{\text{Erforderliche Anzahl neuer Mitarbeiter}}$	Lohnbuchhaltung Wertschöpfungsdaten HR-Administration Personalbedarf/Abt.

Handlungsmöglichkeiten

Gegebenenfalls muss die Organisation oder das Vorgehen der Personalrekrutierung verbessert werden, indem ein externer Personalberater mit der Rekrutierung beauftragt wird. Eventuell sollte auch das Anforderungsprofil auf Übereinstimmung mit der Arbeitsmarktrealität hin überprüft oder die Stellenbeschreibung optimiert werden. Handlungsbedarf ergibt sich bei dieser Kennzahl insbesondere bei Unternehmensgründungen, Krisen, Sanierungen, Umstrukturierungen und Firmenzukäufen.

Unfallquote

Bedeutung und Stellenwert dieser Kennziffer

Diese Kennzahl gibt die Zahl der Arbeitsunfälle je 1.000 geleisteten Arbeitsstunden an – und damit die relative Gefährdung durch Arbeitsunfälle. Im Gegensatz zur absoluten Zahl der Arbeitsunfälle ist diese Zahl unabhängig von der Kapazitätsauslastung. Sinnvoll ist es, zusätzlich die Schwere der Unfälle durch die Zahl der unfallbedingten Ausfalltage je geleisteten 1.000 Arbeitsstunden zu erheben. Zusätzlich kann auch die Anzahl Ausfalltage hinzugezogen werden.

Berechnungsarten und Aussagekraft

Im Zusammenspiel beider Kennzahlen lässt sich das Unfallgeschehen im Unternehmen gut abbilden. Der Erfolg unfallverhütender Massnahmen und die Notwendigkeit erhöhter Präventionsanstrengungen lassen sich gut ablesen. Je nach Branche, Tätigkeit, Risiko und Stellenwert ist dies eine äusserst wichtige Kennzahl. Um frühzeitig Gefährdungspotentiale zu erkennen, wäre auch die Erfassung von Beinaheunfällen oder die Häufigkeit von Nichteinhaltung von Sicherheitsvorschriften hilfreich. Diese Kennzahlen sollten auch für die verschiedenen Bereiche des Unternehmens ermittelt werden. Oftmals besteht jedoch die Gefahr, dass Beinahgeschehnisse von der Belegschaft verharmlost werden.

Unfallquote		
Aussagewert/Ziel	Berechnung	Geeignete Daten
Arbeitssicherheit Unfallrisiken Einsatzkontrolle Arbeitsinstrumente Einhaltung von Vorschriften	$\dfrac{\text{Anzahl Unfälle}}{\text{Gesamtzahl geleisteter Arbeitsstunden}/1.000}$	Versicherungsmeldungen HR-Abteilung Unfallrapporte Absenzengründe

Gefahrenermittlung und Massnahmenrealisierung

Die Gefahrenermittlung ist der zentrale Punkt beim Aufbau eines betrieblichen Sicherheitssystems. Hierbei geht es darum, die Gefahren zu erkennen und herauszufinden, welche Sicherheits- und Gesundheitsrisiken im Unternehmen bestehen, um dann risikogerechte Massnahmen zu planen und zu realisieren.

Bildungsrendite

Bedeutung und Stellenwert dieser Kennziffer

Die Ausgaben für Weiterbildungsmassnahmen sind in den Unternehmen oftmals sehr hoch. Deshalb ist es von besonderem Interesse den Nutzen und die Rendite dieser Massnahmen transparenter zu machen. Diese Quantifizierung des Weiterbildungserfolges stellt die grösste Herausforderung im Personal-Controlling dar. Mit der Bildungsrendite wird versucht, den ökonomischen Erfolg einer Weiterbildung messbar zu machen.

Berechnungsarten und Aussagekraft

Ein Vergleich verschiedener Bildungsmassnahmen soll den effizientesten Mitteleinsatz gewährleisten. Die Ermittlung der Kennzahl setzt jedoch einige Informationen voraus. So müssen die Outputgrössen, die durch die Bildungsmassnahme beeinflusst werden, auch messbar sein. Hierzu eignen sich zum Beispiel Fertigungskosten, Ausschusskosten, Retourenkosten, Stückzahlen usw. Daher ist unter traditionellen Gesichtspunkten schnell eine Anwendungsgrenze erreicht.

Bildungsrendite		
Aussagewert/Ziel	Berechnung	Geeignete Daten
Wertmass von Weiterbildungsmassnahmen in Unternehmen	$$\frac{\text{Deckungsbeiträge durch Bildungsmassnahmen}}{\text{Kosten Massnahme}}$$	Personalentwicklung PE-Rapporte HR-Administration

Untergliederungsmöglichkeiten

Bei dieser Kennzahl ist es sinnvoll, für präzisere Aussagen und Analysemöglichkeiten die folgenden beispielhaft aufgeführten tieferen Untergliederungen vorzunehmen:

- Art der Bildungsmassnahme
- Lernmethoden und Lerninstrumente
- Unternehmensbereiche
- Bildungsmassnahmen nach Mitarbeitersegmenten
- Inhouse-Veranstaltungen und externe Anbieter

Gliederung von Personalentwicklungs-Kennzahlen

Die Anzahl, Selektion und Gewichtung der Kennzahlen in diesem Bereich ist abhängig von der betrieblichen Bedeutung und der Schwergewichtsetzungen und Ziele. Generell kann man aber die Kennzahlen folgenden Hauptgruppen zuordnen:

- Inhalte, Skills und Themen von Weiterbildungen
- Teilnehmer/Nichtteilnehmer nach Strukturen und Anzahlen
- Eingesetzte Methoden, Instrumente und Lernformen
- Kosten, Kostenanteile und Zeitaufwendungen
- Praxistransfer, Erfolgskontrollen und Zielerreichungen

Beachten kann man auch die unterschiedlichen Phasen der Personalentwicklung wie beispielsweise Grundsausbildung, Weiterbildung, Fachausbildungen, Nachwuchsförderung, Führungskräfteentwicklung.

Kostenkontrolle und Kostenvergleiche

Personalentwicklung sollte, wie andere Unternehmensbereiche auch, nebst der Erfolgskontrolle der Massnahmen auch der Kostentransparenz und Kostenkontrolle unterliegen. Allerdings sollte man sich bewusst sein, dass nicht alle Entscheidungen in der Personalentwicklung ausschliesslich unter ökonomischen Gesichtspunkten getroffen werden dürfen und können.

Kostenarten der Personalentwicklung

Die Bandbreite entstehender Kostenpositionen sind beispielsweise:

- Arbeitsentgelt für Mitarbeiter und Vorgesetzte
- Kosten für Räume, Materialien und ausgefallene Arbeitszeiten
- Honorare für externe Referenten
- Zeitanteilige Kosten für Personal- und Fachabteilungen
- Reise-, Fahrt-, Unterhalt- und Verpflegungskosten

Das Problem der Kostentrennung

Je nach Veranstaltung und Lernformen kann in vielen Fällen keine exakte Trennung zwischen den Kosten der reinen Förderung und Weiterbildung einerseits und den Kosten für dennoch erbrachte Arbeitsleistungen vorgenommen werden. So enthalten Projektgruppen oder Förderkreise als Lernmethoden vermutlich hohe Anteile erbrachter Arbeitsleistungen, während bei Seminaren mit Schwerpunkten Rollenspiele und Diskussionen der Leistungsanteil geringer ausfällt.

Anteil ausländischer Arbeitskräfte

Bedeutung und Stellenwert dieser Kennziffer

Diese Kennzahl ist vor allem je nach Personalintensität und Branche interessant. Dies kann auch Diversity (die zunehmende personelle Vielfalt unterschiedlich zusammengesetzter Belegschaftssegmente) betreffen, aber auch auf Probleme hinweisen, die aus sprachlichen oder kulturell bedingten Unterschieden entstehen oder zunehmen können.

Anteil ausländischer Arbeitskräfte		
Aussagewert/Ziel	Berechnung	Geeignete Daten
Diversity-Faktor Belegschafts- zusammensetzung HR-Dienstleistungen Personalentwicklungs- Anpassungen	$\dfrac{\text{Anzahl ausländischer Arbeitnehmer}}{\text{Gesamtzahl der Mitarbeiter}}$	Personaldatenbank HR-Administration Rekrutierungs- informationen

Vielfalt als Stärke und Wettbewerbsvorteil

Die vorhandene Diversity als Stärke zu verstehen, die Unterschiedlichkeit von Menschen in einem Unternehmen zu erhöhen, die individuell verschiedenen Potentiale, Fähigkeiten, Sichtweisen und Erfahrungen optimal zu unterstützen und zu nutzen, bietet Chancen. Eine bewusste Förderung und Gestaltung von Diversity durch personalpolitische Massnahmen im Sinne eines produktiven und positiven Umgangs mit Verschiedenheit (Managing Diversity) ist auch eine Reaktion auf die Internationalisierung der Arbeitsmärkte. Deshalb ist diese Kennzahl je nachdem auch für personalpolitisch neue oder angepasste Ausrichtungen hilfreich.

Untergliederung der Kennzahlenaussage

Die Kennzahl kann auch untergliedert werden in Bereiche bzw. Segmente wie:

- Nationalitäten und Sprachen
- Kulturräume und Länderregionen
- Altersgruppen
- Positionen und Funktionen
- Dauer der Betriebszugehörigkeit

Kennzahlen-Möglichkeiten für Mitarbeitersegmente

Es gibt neben den oben genannten Anteilen ausländischer Arbeitskräfte zahlreiche weitere Möglichkeiten, Anteile von verschiedenen Mitarbeitersegmenten zu bilden. Sie sind je nach Belegschaftszusammensetzung, Branche und Personalpolitik von unterschiedlicher Bedeutung.	für uns wichtig	prüfen	irrelevant	unsicher
Männer				
Frauen				
Nationalitäten				
Länderregionen				
Lehrlinge und Volontäre				
Führungskräfte				
Hierarchieebenen				
Auszubildende				
Bildungsgrade				
Qualifizierungsgrade				
Führungsspannen-Anteile				
Altersgruppen				
Schlüsselpositionen				
Potentielle Führungskräfte bzw. -anwärter				
Erfahrungsgrade (Junior-, Senior-Anteile)				
Intern und extern gewonnene Mitarbeiter				
Sprachen				
Anteile nach Weiterbildungszeit und -teilnahmen				
Betriebszugehörigkeiten				
Expatriates				

Mengenproduktivität

Bedeutung und Stellenwert dieser Kennziffer

Diese Kennzahl verrät, wie viele Produkte oder Leistungseinheiten ein Mitarbeiter innerhalb einer bestimmten Zeitperiode produziert, betreut oder bearbeitet.

Sinnvolle Segmentierungen der Kennzahl

Diese Kennzahl kann vor allem auch für die Kapazitätsplanung und den Personalbedarf von Interesse sein und bessere Hinweise geben als wertbezogene Pro-Kopf-Leistungen wie den Umsatz pro Mitarbeiter. Es ist empfehlenswert, diese Kennzahl stärker nach Segmenten aufzugliedern wie beispielsweise Produkten, Produktearten, Sortimenten, Abteilungen. Diese Aufgliederung ist auch nach Mitarbeitersegmente möglich wie Alterskategorien, Qualifikationen, Betriebszugehörigkeitsdauer und so weiter.

Mengenproduktivität		
Aussagewert/Ziel	Berechnung	Geeignete Daten
Leistungsvermögen Produktivität Kapazitätsauslastung Personalbedarfs-Hinweise	$\dfrac{\text{Anzahl Leistungseinheiten}}{\text{Anzahl Mitarbeiter}}$	Arbeitsrapporte Stücklisten Produktionskontrollen Leistungsrapporte

Zahlreiche mögliche Leistungseinheiten

Die Leistungseinheiten können je nach Branche und Leistungserbringung eines Unternehmens unterschiedlich sein:

* Anzahl betreute Kunden pro Mitarbeiter
* Anzahl Telefonkontakte pro Woche oder Monat
* Anzahl produzierte Produkte pro Zeiteinheit
* Anzahl erledigte Reklamationen pro Kundensegment
* Anzahl überwachte Produktegruppen

Die Kennzahl kommt vor allem bei Produktions-, Handels- und Dienstleistungsbetrieben zum Einsatz und wird mit Vorteil bei Leitungsmessungen, Tätigkeitsanalysen, Sanierungen und neuen Maschinen und nach bzw. vor Reorganisationen erhoben.

Übernahmeqoute

Bedeutung und Stellenwert dieser Kennziffer

Der Prozentsatz von in der Ausbildung befindlichen Mitarbeitern (Lehrlinge, Berufsschulen, Fachausbildungen), die vom Unternehmen übernommen bzw. weiter beschäftigt werden, stellt die Übernahmequote dar. Der Anteil der vom Betrieb übernommenen Auszubildenden variiert erheblich nach der jeweiligen Branche und der Art der Ausbildung.

Untergliederungsmöglichkeiten der Kennzahl

Die Übernahmequote kann nach Mitarbeitersegmenten wie Frauen/Männer und Qualifikationsniveaus oder Ausbildungsarten wie Grund- oder Fachausbildungen verfeinert werden. Ferner kann auch die Art der Lehre (technisch oder kaufmännisch) von Interesse sein. In diesem Zusammenhang sind oft auch die Kennzahlen bzw. Bezüge zu Ausbildungsquote (Anzahl der Auszubildenden/Gesamtzahl der Mitarbeiter) und der Struktur der Prüfungsergebnisse (Anzahl der Absolventen mit Note/Gesamtzahl der Absolventen) interessant. Der Zweck dieser Quote kann beispielsweise die Kontrolle des Ausbildungsaufwandes und das Ziel eine Erhöhung der Übernahmequote sein.

Übernahmequote		
Aussagewert/Ziel	Berechnung	Geeignete Daten
Qualität der Auszubilden-den-Selektion Nachwuchsförderung Laufbahnplanung Arbeitgeber-Attraktivität	$\dfrac{\text{Anzahl übernommener Ausgebildeter} \times 100}{\text{Anzahl absolvierter Ausbildungen}}$	Datenbank Personalabteilung Personalentwicklung

Anwendungsbereiche und Situationen

Die Kennzahl kommt vor allem bei Produktions-, Handels- und Dienstleistungsbetrieben zum Einsatz und wird mit Vorteil bei Leitungsmessungen, Tätigkeitsanalysen, Sanierungen und nach bzw. vor Reorganisationen erhoben.

Wichtig ist, den Qualifikationsbedarf in der Personalplanung, den Stellenbeschreibungen und Anforderungsprofilen sowie in der Personalgewinnung genau zu umschreiben und von den Führungskräften Feedback zu bekommen, wo sich welche Ausbildungsanforderungen verändern.

Gründe für tiefe oder rückläufige Quoten

Der Absolvent verlässt das Unternehmen auf eigenen Wunsch, um in einer anderen Branche oder einem Unternehmen tätig zu sein, welches ihm eine Tätigkeit offerieren kann, bei der er das neu gewonnene Know-how besser und gezielter anwenden kann. Hier kann bei Interesse des Unternehmens, den Mitarbeiter zu halten, ein Gespräch lohnenswert sein. Allerdings ist aber auch die Arbeitgeber-Attraktivität, das Lohnniveau, die Entwicklungschancen und die Konkurrenzfähigkeit auf dem Arbeitsmarkt kritisch zu analysieren.

Ist ein Unternehmen an einer Übernahme nicht interessiert, kann dies die Ausbildungsleistung oder das Fehlen adäquater Aufgaben sein. In diesem Fall können befristete Angebote oder Teilzeitbeschäftigungen oder die Übernahme in ausbildungsfremde Stellen oder Abteilungen eine Lösung sein.

Weitere Kennzahlen in Kürze

Nachfolgend fassen wir einige der vorgestellten und weitere in der HR-Praxis häufig angewandte Kennzahlen kurz zusammen. Anschliessend hilft eine tabellarische mit noch mehr Kennzahlen erweiterte Übersicht, relevante Kennzahlen zu bewerten und zu prüfen.

Produktivität und Leistung

Personalkosten pro Mitarbeiter

Da Personalkosten oft der grösste Kostenblock eines Unternehmens sind, wird dieser Kennzahl grosse Beachtung geschenkt. Es ist jedoch genau zu definieren, welche Kosten als Personalkosten betrachtet werden. Die Personalkostenquote-Kennzahl ergibt den Kostenanteil von Personalkosten im Verhältnis zu den Gesamtkosten des Unternehmens.

Personalaufwandsquote

Die Quote liefert Informationen zur Personal-, Produktivitäts- und Arbeitsintensität eines Betriebes. Häufig ist eine schwache Ertragslage auch mit zu hohen Personalkosten zu erklären, da diese oft den grössten Kostenanteil ausmachen und Sozialleistungen sowie Lohnnebenkosten zudem tendenziell steigen.

Leistungsgrad

Diese Kennzahl wird auch als „Leistungsfaktor" bezeichnet oder in Prozent ausgedrückt „Leistungsgrad". Durch Anwendung eines solchen Leistungsgrades auf gemessene Arbeitsleistungen (Zeit je Einheit) erzeugt man eine Bezugsleistung, die als Grundlage oder Sollvorgabe für Mitarbeiter oder als Grundlage für die Entlohnung usw. verwendet werden kann.

Arbeitsmengenproduktivität

Die Arbeitsmengenproduktivität wird eingesetzt, wenn es sich um mengenrelevante Leistungen wie Anzahl Fallbearbeitungen, Anzahl produzierte Stücke oder beispielsweise Call Center-Anrufe handelt.

Umsatz pro Mitarbeiter

Die Zahl ist als Benchmarking insbesondere im Branchenvergleich von Interesse. Schwankungen und Planabweichung müssen jeweils sehr sorgfältig und umfassend analysiert werden.

Nettogewinn pro Mitarbeiter

Der Nettogewinn ist eine gute Messgrundlage für den Produktivitätszuwachs und wird oft auch für innerbetriebliche Vergleiche zwischen Abteilungen und Sparten oder als Niederlassungs-Vergleich herangezogen.

Arbeitsaufwand pro Leistungseinheit

Dieser Anteil kommt zum Einsatz, wenn es um mengenrelevante Leistungserbringungen und den Zeitfaktor geht. So kann in der Praxis der Zeitaufwand für die Erledigung einer Kundenanfrage eine wichtige Information darstellen.

Mehrarbeitsquote

Die Mehrarbeitsquote informiert über den durch Überstunden erzeugten Wert der Mitarbeiter. Sie kommt zum Einsatz, um die Mehrarbeit von zusätzlichen Aufträgen aufzuzeigen und kann die Berechtigung von zusätzlichem Personalbedarf belegen. Die Kennzahl sollte nicht über längere Zeit zu hoch sein, da sie die Mitarbeiterzufriedenheit und Krankheitsquoten negativ beeinflussen kann.

Ausfallzeit-Kosten pro Mitarbeiter und Tag

Je nach Branche und Funktion eine sehr wichtige Kennzahl, die im Zusammenhang mit dem Absenzmanagement betrachtet werden sollte und dann wichtig ist, wenn Ausfallzeiten besonders hohe Folgekosten verursachen.

Personalrekrutierung

Vorstellungseffizienz

Die qualitative Kennzahl sagt aus, wie viel Prozent der sich auf eine Stelle bewerbenden Kandidaten zu einem Vorstellungsgespräch eingeladen wurden. Um so weniger Vorstellungen für einen Kandidatenentscheid benötigt wurden, desto effizienter fällt die Vorstellungseffizienz aus.

Einstellungsquote

Aus wie vielen Bewerbern oder Kandidaten erfolgt eine Einstellung. Diese Kennzahl sagt aus, wie gut die Qualität der Personalsuche und näheren Selektion ist.

Einstellungseffizienz

Hier wird analysiert, wie effizient die Einstellungen neuer Mitarbeiter im Verhältnis zu den eingesetzten Beschaffungskanälen ist. Damit kann man Suchkanäle gezielter planen. Die Kennzahl sollte auch mit einer Kosten-Nutzen-Analyse zusammen betrachtet werden.

Personalrekrutierungskosten

Hier sollte sorgfältig definiert und bestimmt werden, welche Kosten zu den Beschaffungskosten zählen und wie differenziert diese ausgewiesen werden. Die Kennzahl gibt zum Beispiel wichtige Hinweise auf die Wahl von Medien bzw. deren Schaltkosten. Sie sollte allenfalls auch für einzelne Eintritte errechnet werden.

Effizienz der Beschaffungswege

Die Wahl von Beschaffungswegen hat grossen Einfluss auf Kosten und die Qualifikation von Personaleinstellungen. Im Fokus steht die Analyse der Effizienz, über welche Beschaffungskanäle die für die Vakanz qualifiziertesten Bewerbungen erfolgt sind.

Bewerber pro Stellenanzeige

Wie viele Bewerber melden sich jeweils auf eine Stellenanzeige? Diese Kennzahl ist unter rein quantitativen Gesichtspunkten interessant, um diverse Medien, unterschiedliche Kommunikationsarten von Stellenanzeigen zu analysieren. Dabei können Details wie Headline oder das Anforderungsprofil bereits erheblichen Einfluss haben.

Kennzahlen von Online-Stellenbörsen

Zur Beurteilung der Eignung und Leistungsfähigkeit von Stellenbörsen im Internet gibt es in diesem Bereich einige interessante und aussagekräftige Kennzahlen: Anzahl Seitenansichten pro Monat (Wie häufig werden einzelne Seiten besucht, welche sind es und wie entwickelt sich der Trend).

Anzahl Besucher pro Monat (Anzahl Seitenaufrufe, bzw. aktive Eingaben der entsprechenden Webadresse) Anzahl aktive Abonnenten eines Suchabonnements (Qualitätsindikator, wie viele Interessenten finden die Börse so überzeugend, dass sie sich regelmässig über passende Stellenangebote informieren lassen möchten. Nutzerstruktur: Niveau, allfällige Spezialisierung.

Übernahmequote nach Probezeit

Wie viele in Probezeit beschäftigte Mitarbeiter werden nach Ablauf dieser auch übernommen? Die Kennzahl kann Hinweise geben, wie gut Einführungsprogramme sind oder wie leistungsfähig die Personalgewinnung bzw. Anstellung neuer Mitarbeiter ist. Sie lässt auch Rückschlüsse auf die Effizienz der Recruitingmassnahmen zu.

Beschaffungskosten pro Eintritt

Die Kennzahl sagt aus, wie hoch die Kosten pro neu eingestelltem Mitarbeiter sind. Hier ist genau zu definieren, was bei den Beschaffungskosten berücksichtigt wird. Sinnvoll ist gegebenenfalls ein Vergleich eigener Inhouse-Personalrekrutierung und externer Vermittler. Weitere Vergleiche mit Kennzahlen wie beispielweise Vorstellungseffizienz oder Einstellungsquote können sinnvoll sein.

Quote interner und externer Besetzungen

Diese Quote kann, je nach Personalpolitik oder deren Änderungen oder Neuanpassungen, ein Kontrollinstrument sein und auf die Wirksamkeit von Modifikationen hinweisen. Sie ist auch für die Laufbahnplanung von Interesse.

Bewerbungsdauer

Die Bewerbungsdauer gibt die durchschnittliche Dauer vom Eingang der Bewerbung bis zum Versenden des vom AG unterschriebenen Vertrages wieder. Sie lässt Rückschlüsse auf die Effizienz der internen Bewerbungsbearbeitung zu. Die Verkürzung der Bewerbungsdauer soll zur Zufriedenheit des _Bewerbers beitragen.

Anteil Initiativbewerbungen

Die Quote gibt das Verhältnis von Initiativbewerbungen zu der Gesamtzahl der Bewerbungen wieder und lässt beispielsweise auch Rückschlüsse auf die Arbeitgeberattraktivität zu.

Prozentsatz unbesetzter Stellen

Diese Kennzahl zielt auf die Wichtigkeit ab, dass 90% aller offenen Stellen innert 60 Tagen nach der Meldung des Bedarfs besetzt sein sollten. Bei mehrmaligem Überschreiten dieses Wertes ist eine Überprüfung der Recruitingorganisation und -abläufe sinnvoll.

Candidate Experience

Zufriedenheitsrate mit Rekrutierungsprozess und dessen Qualitätsprüfung zur Eruierung von Defiziten und Optimierungspotenzial bei den Neueingestellten und den Bewerbern, welche bis zur Interviewstufe weiter kommen. Diese Kennzahl erfasst u.a. die Bewerbererfahrung im Rekrutierungsprozess und dient somit dem Candidate Experience Management.

Active Sourcing

Aktive Ansprachen von Kandidaten, beispielsweise mit Recherchen in sozialen Netzwerken zu den tatsächlich eingegangenen Bewerbungen und zu daraus erfolgten Stellenbesetzungen. Da Active Sourcing zeitaufwändig ist, kann diese Kennzahl auch weiter untergliedert werden und ist besonders bei dessen Einführung zur Erfolgskontrolle wichtig.

Cost-of-vacancy

Dies betrifft die Kosten einer spezifischen, unbesetzten Stelle je Tag. Dies erlaubt Kostenanalysen und -grössen welche durch eine Nichtbesetzung von Stellen entstehen, womit die Besetzungsprioritäten objektiv zwischen Jobprofilen abzuwägen sind. Alternativ können auch die Gesamtkosten aller nichtbesetzten Positionen ins Verhältnis zum jährlichen Recruiting- und Personalmarketing-Budget gebracht werden.

Personalentwicklung

Ausbildungsquote

Diese Kennzahl bringt zum Ausdruck, wie hoch der Anteil an Auszubildenden an der Gesamtbelegschaft ist. Sie wird oft bei Benchmarks oder in öffentlichen Berichten verwendet und kann auch als Leistungsausweis der Bemühungen der Personalentwicklung gesehen werden.

Qualifikationsstruktur

Die Abbildung der Qualifikationsstruktur macht die Anteile von beispielsweise Akademikern, gelernten Angestellten und Hilfskräften transparent. Erfordert eine strategische Neuausrichtung beispielsweise höhe Qualifikationen, kann diese Kennzahl von grosser Bedeutung sein.

Anzahl jährlicher Weiterbildungsmassnahmen pro MA

Die Kennzahl kann bei Reorganisationen von Personalentwicklungs-konzepten aufschlussreich sein. Starke Veränderungen oder Zu-nahmen können Hinweise auf Probleme bei der Effizienz oder Zielausrichtung von PE-Massnahmen sein. Hierbei sollten sowohl externe als auch interne Weiterbildungsmassnahmen berücksichtigt werden.

Beanspruchung von Bildungsurlaubstagen

Diese Kennzahl gibt, wie andere aus dem Bereich von Serviceleis-tungen und HR-Angeboten auch, Hinweise auf das Weiterbildungsin-teresse bzw. die Nutzung solcher Angebote. Die Zahl kann insbe-sondere für Führungskräfte auch im Abteilungsvergleich interessant sein.

Weiterbildungstage pro Mitarbeiter

Die Kennzahl informiert darüber, wie viele Tage im Jahr ein Mitar-beiter durchschnittlich für Weiterbildung aufwendet. Damit kann auch ermittelt werden, wie viele Tage Mitarbeiter dem Unternehmen nicht zur Verfügung stehen. Je nach Organisation der Personalent-wicklung ist eine Unterteilung nach Abteilungen oder in verschiede-ne interne und externe Weiterbildungsmassnahmen (Seminare, Workshops, Trainings on the job usw.) sinnvoll.

Durchschnittskosten pro sich weiterbildendem MA

Diese Kennzahl gibt den Anteil der gesamten Weiterbildungskosten einer Periode, welcher durchschnittlich für einen Mitarbeiter aufge-wendet wird, an. Der Wert ist für die Kostenplanung und Kosten-kontrolle von Interesse und im Vergleich von Unternehmenseinhei-ten wie Abteilungen oder Ressorts.

Anteil Personalentwicklungskosten an Personalkosten

Dies ist eine wichtige Kenngrösse, die branchenspezifisch sehr un-terschiedlich ausfallen kann. Ursache für Schwankungen kann zum einen eine mangelnde Coaching-Funktion des Vorgesetzten oder ein demotivierter Mitarbeiter sein oder zum anderen ein Produkt aus der Einführung neuer Technologien oder gestiegener Mitarbeitermo-tivation sein. In der Kostenplanung von Personalentwicklungsmass-nahmen kann die Quote eine Zielgrössenordnung sein.

Struktur der Prüfungsergebnisse

Die Abbildung dieser Struktur ist bei jenen Prüfungen bzw. Ausbildungen von besonderem Interesse, in denen grosse Anstrengungen unternommen werden (Lehrlingswesen) oder in Weiterbildungsbereichen, die für die Leistungserbringung des Unternehmens von besonderer Bedeutung sind, wie beispielsweise Beherrschung bestimmter Technologien oder Marketingausbildungen für ein Unternehmen, welches expandieren will.

Anzahl absolvierter anerkannter Prüfungen

Wie schon bei der Struktur der Prüfungsergebnisse genannt, ist die Information von besonderem Interesse, wenn in Aus- und Weiterbildungsbereichen, die für die Leistungserbringung des Unternehmens von besonderer Bedeutung sind, derartige Auswertungen vorgenommen werden.

Anteil von E-Learning in der Weiterbildung

Diese Kennzahl (Computer Based Training) steht stellvertretend für andere Ausbildungs- und Lernmethoden (Seminare, Onlinekurse, Workshops, Trainings on the job usw.). Eine sicherlich .lohnende Gegenüberstellung ist die des Nutzens von E-Learning-Kursen gegenüber herkömmlichen Fortbildungskursen.

Kosten pro internem/externem Trainingstag

Die Quote kann insbesondere bei Kosteneinsparungen oder Kostenanalysen von Interesse sein. Allerdings betrachtet die rein quantitative Gegenüberstellung der Aufwendungen keinerlei Trainingsmethoden, -inhalte und –anbieter und gibt keine Auskünfte zur Qualität der durchgeführten Seminare.

Beteiligungsquote am Vorschlagswesen

Diese Quote kann für Geschäftsberichte und im Branchenvergleich von Bedeutung sein und lässt in sehr begrenztem Umfang auch Rückschlüsse auf die Mitarbeiteridentifikation und –motivation zu.

Aufwendungen für Vorschlagswesen

Die Information über die Kostenentwicklung im Vorschlagswesen ist insbesondere für die Planung eine sinnvolle Orientierungshilfe. Dennoch kann sich der Aufwand im Zeitverlauf völlig unabhängig von den Vorjahreswerten verändern.

Lohn und Personalkosten

Personalkosten pro Mitarbeiter

Dieser Wert stellt eine wichtige Information für die Kostenplanung und Kostenkontrolle dar, die vor allem auch im Branchenvergleich von Bedeutung ist.

Lohnentwicklung nach Abteilungen

Der Abteilungsvergleich von Personalaufwendungen kann für Lohn- und Gehaltsrunden eine wichtige Grundlage darstellen. Die Entwicklung bildet bei internen Leistungsverrechnungen die Grundlage, zuvor sollte jedoch eindeutig definiert sein, welche Gehaltsbestandteile hier berücksichtigt werden.

Lohngruppenauswertung

Die Auswertung der Lohngruppen zeigt die Anteile der Mitarbeiter in den einzelnen Lohngruppen im prozentualen Verhältnis zur Gesamtzahl der Mitarbeiter auf. Sie steht in direktem Zusammenhang mit dem Lohnniveau.

Durchschnittskosten je Überstunden

Überstunden verursachen teilweise hohe Mehrkosten und können auch Indizien sein für organisatorische Probleme, Überforderungen, unrealistische Zielsetzungen, fehlende Arbeitshilfsmittel, Weiterbildungsbedarf oder eine dünne Personaldecke. Die Kennzahl ist daher von grosser Bedeutung und sollte im Zusammenhang mit weiteren Kennzahlen wie der Überstundenentwicklung und der Überstundenquote in % erfasst und analysiert werden.

Frühpensionierungs-Kosten pro Mitarbeiter

In Unternehmen, die sozialverträglich Personalabbau betreiben müssen oder in jenen mit guten Sozialleistungen, kann diese Kennzahl von Belang sein. Aufgrund der hohen Kosten sind ohne Rückstellungen in den entlassungswilligen Betrieben sowie ohne gute Finanzlage grosszügige Lösungen nicht durchsetzbar.

Fluktuationskosten pro Mitarbeiter

Diese Kennziffer fasst die Kosten von Kündigungen, Entlassungen und jene der Neubeschaffungskosten von Mitarbeitern zusammen. Sie ist eine äussert wichtige Kennzahl, die im Zusammenhang mit der Fluktuationsquote und anderen Kennzahlen betrachtet und analysiert werden sollte.

Lohnformenstruktur

Entlohnungsformen wie Akkordlohn, Prämienlohn oder Zeitlohn können grundsätzlich in Zeit und Leistungslohnformen gegliedert werden, wobei die Leistungslohnformen im Wesentlichen den Akkord und Prämienlohn umfassen. Kriterien für den Einsatz lohnpolitisch unterschiedlicher Entlohnungsverfahren können der Anforderungsgrad der Arbeit, die Arbeitsleistung, das Arbeitsverhalten und soziale Aspekte sein.

Variabler Vergütungsanteil

Die variable Vergütung gewinnt an Bedeutung und variiert nach Grösse, Branche und internationaler Ausrichtung des Unternehmens sowie nach Funktionsbereich, Führungsverantwortung und Komplexität der jeweiligen Position. Da hier hohe Kosten anfallen können und bei rückläufigen Unternehmensgewinnen sich aber auch ein enormes Einsparpotential verbirgt ist diese Kennzahl je nach Lohnsystem wichtig.

Gesamtlohnentwicklung

Diese Kennzahl gehört zum Grundinstrumentarium eines jeden Personalcontrollings. Weitere differenzierende und verwandte Kennzahlen wie Gesamtlohnentwicklung nach Mitarbeitersegmenten wie (Abteilungen, Funktionen, Hierarchien, Niederlassungen) und die differenzierte Analyse von Lohnkosten nach Sozialkosten, generellen Lohnnebenkosten und variablen Anteilen lässt detailliertere Analysen und Massnahmen zu. Weitere Beispiele von Untergliederungen dieser Kennzahl sind:

* Lohnentwicklung nach Unternehmensbereichen
* Lohnabrechnungskosten pro Mitarbeiter
* Überstundenkosten pro Mitarbeiter
* Anteil variabler Vergütungsbestandteile
* Aufteilung von Gehaltsgruppen

Personalführung

Führungs-Leitungsspanne

Die Leitungsspanne gibt an, wie viele Mitarbeiter einem Vorgesetzten direkt unterstellt sind. Sie ist abhängig von Art der Aufgaben, der Personalintensität und weiteren Faktoren. Der Vorgesetzte sollte in der Lage sein, innerhalb seiner Leitungsspanne kontrollieren und koordinieren zu können, so dass es keine Empfehlung für eine optimale Leitungsspanne geben kann. Die Kennzahl kann auch Hinweise zu Führungsproblemen, Mitarbeiterbeurteilungen und Fluktuationsanstiegen geben.

Anzahl gemeldeter Mobbingfälle pro Jahr

Eine Kennzahl, deren Einsatz nicht notwendig ist, weil das Problem nicht besteht, ist der Idealfall. Ist dies doch der Fall, liefert sie wichtige Alarmsignale und zeigt Handlungsbedarf, ist aber sorgfältig zu definieren und anzuwenden. Die Möglichkeit der Beeinflussung derartiger Informationen kann sehr gross sein.

Anzahl disziplinarischer Massnahmen

Die disziplinarischen Massnahmen können je nach Personalpolitik und Führungsinstrument bei gewissen Mitarbeitersegmenten oder Abteilungen eine wichtige Rolle spielen, beispielsweise wenn es um die Einhaltung von Qualitätsstandards oder die Arbeitssicherheit geht. Empfehlenswert kann hier eine höhere Detaillierung sein.

Personalstruktur

Frauenanteil

Diese Kennzahl kann je nach Personalpolitik, Lohnstrukturen, Tätigkeiten und Personalplanung eine wichtige Rolle spielen. Sinnvoll ist auch die Auswertung des Frauenanteils am Kader.

Anteil der ausländischen Arbeitnehmer

Der Anteil ausländischer Arbeitnehmer beeinflusst zahlreiche Unternehmensbelange wie beispielsweise Schulungsaufwand, Kommunikation, arbeitsrechtliche Fragestellungen oder die Dauer der Betriebszugehörigkeit. In Abhängigkeit von der Höhe des Anteils sind Entscheidungen über Expansionsrichtungen, Betriebsurlaube oder weibliche Führungskräfte mit der dementsprechenden Sensibilität umzusetzen.

Diversity Return on Investment

Diversity Management zielt auf die Erhöhung der Produktivität im Unternehmen durch die Schaffung einer produktiven, offenen und wertschätzenden Gesamtatmosphäre. Diese Unternehmenskultur führt zu einer erhöhten Mitarbeitermotivation und -bindung sowie zu einer verbesserten Kommunikation, Teamarbeit und Innovationsfähigkeit. Ein Unternehmen mit einer wertschätzenden Unternehmenskultur hat darüber hinaus Vorteile bei der Rekrutierung von Fach- und Führungskräften. Für das Diversity Management können eine ganze Reihe von relevanten Kennzahlen gebildet werden.

Durchschnittsalter der Belegschaft

Eine ausgewogene Altersstruktur ist für die Innovationskraft und Dynamik eines Betriebes, aber auch für dessen Erfahrungsreichtum und Wissenswert von relativ grosser Bedeutung. Allerdings ist diese Kennziffer je nach Unternehmensalter, Branche, benötigten Funktionen und Kaderanteilen unterschiedlich und kann nicht pauschal bewertet werden. Auch detailliertere Quoten nach Altersklassen können sinnvoll sein.

Anteile der Arbeitszeitpensen

Je nach Arbeitszeitmodell, Flexibilisierungsplänen oder einer detaillierteren Betrachtung der Lohnkosten kann diese Kennzahl sehr hilfreich sein. Insbesondere, wenn sehr unterschiedliche Arbeitszeitpensen bestehen und deren Anteil an Vollzeitpensen hoch ist. Die Kennzahl fällt auch bei der Personalbedarfsplanung und bei Kostensenkungsmassnahmen ins Gewicht.

Gesamtleistung pro Mitarbeiter

Die Gesamtleistung je Beschäftigtem gibt den Anteil eines Beschäftigten an der Gesamtleistung des Unternehmens in einer bestimmten Periode an. Die Gesamtleistung kann auch durch die Umsatzerlöse ausgedrückt werden.

Weitere Kennziffern

Arbeitszeitvolumen

Arbeitszeitvolumen geben Auskunft über die einem Unternehmen insgesamt zur Verfügung stehende Arbeitskraft in Stunden. Bei einer Ausdehnung können weitere wichtige Bereiche wie zum Bei-

spiel Gesundheit, Kosten, Stress und Arbeitsbelastung oder Arbeits-
zeitformen beeinflusst werden.

Jahresferienverteilung

Diese Kennzahl informiert darüber, wie viele Mitarbeiter sich in
welchen Monaten in den Ferien befinden. Sie ist für Betriebe mit
saisonalen Schwankungen des Auftragseingangs wichtig und eine
hilfreiche Grundlage für die Urlaubsplanung generell. Die Zahlen
können je nach Organisation von der Personalabteilung und dem
verantwortlichen Linienvorgesetzten mittels Einsatzplänen und Präsenzstatistiken eruiert werden.

Qualifikationsstruktur

Die auf Ziele, Strategien und Kompetenzen abgestimmte Qualifikation von Mitarbeitern ist für jedes Unternehmen von Bedeutung, um
auch künftigen Herausforderungen gewachsen und auf neue Aufgaben und Technologien vorbereitet zu sein. Es geht darum, zu erfahren, wie viele Mitarbeiter einer bestimmten Qualifikationsstufe
(Hilfskräfte, Fachausbildungs-Absolventen, Akademiker) im Betrieb
arbeiten.

Personalaufwandsstruktur

Die Personalaufwandsstruktur gibt den prozentualen Anteil einer
Teilgruppe am gesamten Personalaufwand an. Die Kennzahl kann
nach verschiedenen Merkmalen, wie z.B. der Art des Personalaufwandes, versch. Kostenstellenbereichen, direkter/indirekter Wertschöpfung und Verwaltung oder Rechtsstellung gewählt werden. Die
Summe Personalaufwand kann auch in Teilbereiche wie beispielsweise den Bereich Fertigung aufgegliedert werden.

Beschäftigungsgrad

Der Beschäftigungsgrad ist das Verhältnis von maximaler und tat-
sächlicher Kapazitätsausnützung eines Unternehmens bezüglich
erzeugter Leistungen und Leistungsmengen. Die Kennzahl gibt einen Hinweis auf die Teilarbeitszeit-Aufgeschlossenheit eines Unternehmens. Ein niedriger durchschnittlicher Beschäftigungsgrad bedingt zusätzliche Anforderungen an die Planung der Verfügbarkeit
der Teilzeitkräfte sowie leicht erhöhten Führungsaufwand und administrativen Aufwand.

Unfallquote

Diese Kennzahl kann bei Betrieben und Branchen mit erhöhten Unfallrisiken bezüglich Arbeitssicherheit, Investitionen, Ausbildung und Prophylaxe eine grosse Rolle spielen. Sie ist dann aber in den meisten Fällen detaillierter zu ermitteln, beispielsweise nach Art der Tätigkeit, Abteilungen, Qualifikationsgrad, Alter oder Dauer Betriebszugehörigkeit.

Abweichungs-Entwicklung der Soll-Ist-Arbeitszeiten

Dies ist eine Kennzahl, die bei der Kostenplanung von Arbeitszeiten eine Orientierungshilfe sein kann. Sie ist für die Personalbedarfsplanung wichtig, kann auf organisatorische Probleme hinweisen und auch ein nützliches Führungsinstrument darstellen.

Entsendungsquote

Diese Kennzahl sagt aus, wie viel Prozent von Mitarbeitern in einer bestimmten Zeitperiode ins Ausland entsandt werden. Man spricht zuweilen auch von Expatriates. Die Kennzahl ist im Zeitverlauf und wegen meist hoher anfallender Kosten interessant, sagt aber über Kosten und Qualität der Entsendungen nichts aus. In diesem Zusammenhang ist bei Betrieben, bei denen Entsendungen eine grosse Rolle spielen, auch die Rückkehrquote von grossem Interesse.

Aufwand für freiwillige betriebliche Sozialleistungen

Da diese oft recht hohe Kosten verursachen, sollte die Kennzahl von Interesse sein. Sinnvoll ist auch eine weitere Untergliederung zur Nutzung solcher Leistungen und eine weitere Differenzierung in Leistungsbereiche. Eine Kosten-Nutzen-Analyse kann so Fakten für gezielte Aus- und Abbaumassnahmen liefern.

Stellenbesetzungsquote mit internen Mitarbeitern

Stellenbesetzungen mit internen Mitarbeitern kann ein vorteilhafter Weg der Personalrekrutierung sein. Die Kennzahl ist sinnvoll, wenn sie im Zeitverlauf erhoben und nach Mitarbeitersegmenten unterteilt wird wie Führungskräfte, Funktionen, Schlüsselpositionen und mehr.

Erfolgsbeteiligung je Mitarbeiter

Bestehen solche, macht diese Kennzahl natürlich Sinn, vor allem auch bei möglicherweise unterschiedlichen Modellen. Die Kennzahl ist im Bereich von Leistungsbeurteilungen, Kosten, Lohnpolitik und weiteren Aspekten interessant. Erfolgsbeteiligungsmodelle sollten stets transparent, messbar und vergleichbar sein und nachhaltige und wirksame Leistungsanreize auch über einen längeren Zeitraum geben. In diesem Zusammenhang kann auch die Kennzahl von Bonus- und Prämienzahlungen je Mitarbeiter interessant sein.

Abfindungsaufwand pro Mitarbeiter

Diese Kennzahl ist erst ab einer bestimmten Unternehmensgrösse relevant. Da hier recht hohe Kosten anfallen können, sollte diese Kennzahl in deren Entwicklung dann aber genau und streng verfolgt werden. In diesem Zusammenhang kann auch die Kennzahl von Gehaltskosten pro Mitarbeiter während Freistellungsphase in Betracht gezogen werden.

Durchschnittliches Ferienrest-Jahresguthaben

Diese Kennzahl ist weniger bekannt, kann aber nützliche Hinweise geben und Informationen liefern. Sie ist im Zusammenhang mit Kapazitätsfragen, Arbeitszeitvolumen, Ferienplanungen, Projektterminen und vielen anderen Aspekten von Interesse. In diesem Zusammenhang ist auch die Anwendung der Kennzahl durchschnittlich unbezahlte Ferienbezüge oder Kosten pro Resturlaub pro Mitarbeiter in Betracht zu ziehen.

Pensionierungs-Kennzahlen

Pensionierungen sind einschneidende Ereignisse mit zahlreichen Auswirkungen wie Kosten und Wegfall von Know-how und Erfahrung. Hier können bei grösseren Betrieben Unterteilungen bzw. Segmentierungen in Gesundheitlich bedingte Pensionierungen/Jahr in % und "Betriebsgrund" bedingte Pensionierungen/Jahr in % interessante Informationen liefern, vor allem auch, wenn es um Fragen von Frühpensionierungen oder Personalabbaumassnahmen geht.

Aufgliederung von Arbeitspensen

Eine Kennzahl, die vor allem im Zeitraum- und Branchenvergleich von Interesse ist oder in der Planung von Arbeitszeiten eine Zielgrössenordnung sein kann und für die Personalplanung, Personalkosten und die Analyse von Arbeitszeitmodellen geht.

Eigenkündigungsquote

Der Teil jener Mitarbeiter, die von sich aus kündigen ist eine Kennzahl, die vor allem in der Entwicklung interessant sein kann. Ein Anstieg der Eigenkündigungsquote kann auf eine Verschlechterung der Arbeitsbedingungen oder abnehmende Konkurrenzfähigkeit des Unternehmens im Arbeitsmarkt hinweisen.

Quote Entwicklungsvereinbarungen

Diese Quote kann beispielsweise ein Hinweis auf den Erfolg von Bemühungen sein, die Laufbahnentwicklung zu verbessern oder ein Zeichen für die Zunahme qualifizierter Mitarbeiter mit erhöhtem Potential sein. Innerhalb von Abteilungen kann diese Quote im Vergleich auch ein Leistungsausweis von Führungskräften sein. Solche Entwicklungsvereinbarungen können übrigens Bestandteil von Zielvereinbarungen oder Qualifikationen sein.

Nutzungsgrad von HR-Dienstleistungen und Sozialeinrichtungen

Diese Kennzahl macht Sinn, um die Veränderung der Bedürfnisse von Mitarbeitern und den Stellenwert von HR-Dienstleistungen oder Sozialeinrichtungen feststellen zu können. Interessant ist auch, Trends früh zu erkennen (Worklife-Balance) und Dienstleistungen bedarfsorientiert anzubieten, um zugleich Kosten einsparen zu können, wenn gewisse Angebote eingestellt werden können. Die Quote sollte innerhalb von Nutzern und im Zeitverlauf ermittelt werden.

Mitarbeiterzufriedenheits-Index

Anstehende Veränderungen können sowohl positive wie negative Auswirkungen auf die Mitarbeiterzufriedenheit haben. Darunter könnte die Motivation leiden, was wiederum den Ausgang von Change Management Projekten beeinträchtigen könnte. Ziel ist es, den Wert des Indexes zumindest stabil zu halten, ihn detailliert und mit Kriterien verfeinert einzusetzen sowie eine häufigere Erhebung des Indexes zu vereinbaren, da zu erwarten ist, dass sich die Ergebnisse beispielsweise durch Wandlungsprozesse und Neueinstellungen verändern können.

Zusagequote Erster-Wahl-Kandidaten

Diese Kennzahl misst die Anteile jener Kandidaten erster Wahl, die bei Personalrekrutierungen zusagen und den Vertrag unterschreiben. Sie ist ein interessanter Indikator für die Arbeitgeberattraktivität, gibt aber auch Aufschlüsse zur Qualität der Rekrutierung und die Sorgfalt der Kandidatenselektion.

Quote Schlüsselpositionen mit Nachfolgern

Eine Quote, die im Bereich der Nachfolgeplanung eingesetzt werden kann und in vielen Betrieben von zunehmender Bedeutung ist. Nebst der Kennzahl geht es auch darum, Nachfolgebedarf zu erkennen, zu planen und mit der notwendigen Zeit und Sorgfalt anzugehen.

Quote der fristgerecht erreichten Ziele

Diese Quote ist für das Führungs- und Qualifikationsinstrument von Zielvereinbarungen äusserst interessant und empfehlenswert. Es können über Fristen hinaus auch andere beispielsweise qualitative Zielvereinbarungen gemessen und analysiert werden. So ist die Quote auch interessant hinsichtlich der Erreichbarkeit von Zielen, bzw. wie realistisch diese sind und wie sie sich im internen Vergleich nach Abteilungen unterscheiden.

Fluktuationsquote bei Schlüsselpositionen

Die Fluktuationsquote bei Schlüsselpositionen gibt Hinweise, wie es um Commitment und Mitarbeiterbindung steht und wie attraktiv das Unternehmen im Bereich der Arbeitgeberattraktivität ist. Hier sollten die Gründe für sich schlagartig verändernde Quoten unverzüglich angegangen und Massnahmen ergriffen werden.

Kontaktquote zu ehemaligen Mitarbeitern

Hier geht es um Kontakte und deren Ausprägung, Häufigkeit und Interesse seitens der Ehemaligen. Eine Quote mit sicher nicht höchster Priorität, aber im Zusammenhang mit anderen Kern-Kennzahlen zuweilen eine sinnvolle Ergänzung oder weitere Betrachtungsweise.

Anteile nach XY-Mitarbeitersegmenten

Es gibt zahlreiche Möglichkeiten, Anteile von verschiedenen Mitarbeitersegmenten zu bilden und zu analysieren. Sie sind je nach Belegschaftszusammensetzung, Branche und Personalpolitik von unterschiedlicher Bedeutung und können auf erwünschte, geplante, arbeitsmarktbedingte Probleme und Trends hinweisen und Neuausrichtungen in der Personalrekrutierung erfordern. Es sind dies beispielsweise:

- Geschlechteranteile und Altersgruppen
- Nationalitäten und Länderregionen
- Qualifikations- und Bildungsgrade
- Auszubildende und Lehrlinge

Leistungsfähigkeit der HR-Abteilung

Auch die HR-Abteilung selber kann ein Feld des HR-Controllings sein, um vor allem Kosten, Aufwände, Zielerreichungen und der Beitrag zum Unternehmenserfolg messen und verfolgen zu können.

Beispiele: *HR-Betreuungsquote* (Summe Vollzeitäquivalente/Summe HR-Mitarbeiter) *HR-Gesamtkosten* bzw. Summe Vollzeitäquivalente, HR-Kosten in Relation zum Gesamtaufwand (HR-Gesamtkosten/Gesamtaufwand in Prozent), *Durchschnittliche Personalkosten pro HR-Mitarbeiter*, *Bearbeitungszeit pro Anfrage* in Personalabteilung, *Quote für HR-Auslagerungskosten* (Aufwendung für HR-Outsourcing/HR-Gesamtkosten in Prozent). Im Mittelpunkt stehen in der Praxis die Recruiting-Kennzahlen und das Bildungscontrolling. Weitere Kennzahlen können sein:

- Mitarbeiterkapazität pro Personalmitarbeiterkapazität
- Personalabteilungskosten pro Mitarbeiterkapazität
- Gesamtmitarbeiterkapazität zu Mitarbeiterkapazität des HR
- Gesamte Personalarbeitskosten pro Mitarbeiterkapazität
- Outsourcing-Kosten des HR zu Gesamtkosten Personalabteilung
- Anteil der Fach- und Führungskräfte in der Personalabteilung
- Durchschnittliche Gehaltskosten pro Mitarbeiterkapazität des HR

Kennzahlen zur Karriere-Website

Da nebst Recruiting-Kanälen auch Karriere-Websites zu einem immer wichtiger werdenden Touchpoint im Rekrutierungsprozess werden, sind auch hier einige Kennzahlen zur Feststellung von Defiziten und zur Erfolgskontrolle interessant. Es sind dies beispielsweise *Page Views per Visit* (Anzahl angezeigter Seiten/Besuch)und Klickraten pro Rubrik und Navigationspunkt (wie viele Male wird auf ein Angebot geklickt), *Nutzung und Verweildauer,* beispielsweise in bestimmten Informationssegmenten und Medienarten (Video, Checklisten, Infografiken) und *Absprungraten*, d.h. auf welchen Seiten oder Interaktionspunkten Bewerber von der Webseite weggehen bzw. abspringen. Je mehr Klicks eine Karriereseite je nach Herkunft dieser Klicks aufweist, desto bekannter ist in der Regel auch die Arbeitgebermarke. Die Umwandlungsrate sagt auch, wie attraktiv man für Besucher ist.

Employer Banding und Arbeitgeber-Attraktivität

Die Arbeitgeber-Marke umfasst unter anderem das Image, die Beziehung zu Mitarbeitern, Öffentlichkeit und Marktpartnern, den Auftritt, die Kommunikation und mehr. Sie wird für viele Unternehmen immer wichtiger. Mögliche Kennzahlen hierfür sind: *Anzahl aktiv suchender Kandidaten, Anzahl und Qualität von Interviews* (wie viele Bewerbungen werden benötigt, um eine Stelle zu besetzen), die *Offer-Acceptance-Rate* (wie viele Jobangebote muss man

Kandidaten unterbreiten, damit diese Jobangebote annehmen) und die Kennzahl *Time to Hire* (die Dauer, die benötigt wird, um eine Stelle zu besetzen). Zusammen mit Kennzahlen der Karriere-Website kann die Attraktivität einer Arbeitgeber-Marke recht gut und ganzheitlich gemessen werden. Auch hier ist es wichtig, dass Kennzahlen einen klaren Bezug zu Schwerpunkten und Zielen der Arbeitgebermarken-Strategie aufweisen und auch der Erfolgskontrolle dienen.

Social Media-Monitoring

Social Media Monitoring ist die systematische Beobachtung und Auswertung von Beiträgen und Aktivitäten auf Social Media Plattformen. Der Fokus des Monitorings liegt dabei auf der kontinuierlichen Überwachung von Aktivitäten, Veränderungen und Trends. Man erfährt beispielsweise, wie man als Arbeitgeber im Social Web wahrgenommen wird und welche Themen dominieren, wo sich Zielgruppen aufhalten und was sie von Arbeitgebern wissen wollen. Social Media spielt auch im Recruiting eine wichtige Rolle; insbesondere für das Employer Branding ist ein Social-Media-Monitoring ebenfalls aufschlussreich. Wichtige Bereiche sind Aufbereitung, Genauigkeit und Aussagewert der Daten, Übersicht der Analyse- und Reportingformen, Leistungs-Kennzahlen und die Anforderungen an Monitoring-Lösungen und Ziele.

Candidate Journey-Kennzahlen

Eine Candidate Journey umfasst jene Touchpoints im Internet, welche von Bewerbern und am Unternehmen als Arbeitgeber interessierten besucht und beachtet werden. Dies kann eine Suchmaschinen-Recherche, das Durchkämmen eins Jobbörsen-Angebotes, eine Stellenanzeige, eine Arbeitgeber-Empfehlung aus dem Bekanntenkreis oder eine zufällig entdeckte Bewertung auf einer Arbeitgeberbewertungs-Plattform und mehr sein. Messen kann man solche Touchpoints beispielsweise mit Klicks auf Stellenanzeigen und den Bewerben-Button, die Anzahl von Bewerbungen und die Verweildauer bei einzelnen Touchpoints.

Die Conversion-Rate gibt an, wie viele Kandidaten auf ihrer Candidate Journey verloren gegangen sind und an welchen Punkten die Kandidaten abgebrochen haben. Teil der Conversion-Rate ist die Erhebung der Abbruchrate. Sie ergibt sich aus der Differenz zwischen der Anzahl begonnener Bewerbungen (Anzahl Klicks auf den Bewerben-Button) und der Anzahl tatsächlich eingegangener und abgeschlossener Bewerbungen. Brechen also Bewerber auf dem

Onlineformular an einer gewissen Stelle besonders häufig ab, kann diese Kennzahl darauf hinweisen, dass der Befragungspunkt heikel ist oder, wenn dies oft am Ende der Fall ist, zu viele Formulardaten erhoben werden.

Diversity-Kennzahl

Diversity ist die Vielfalt an sozialen und kulturellen Gegebenheiten von Mitarbeitern in einem Unternehmen. Dabei kann die Vielfalt sich, nebst unterschiedlichen Nationalitäten oder ethnischen Gruppen, auch auf das Geschlecht, unterschiedliche Altersgruppen, Bedürfnisse und Sichtweisen beziehen; Bereiche, welche auch eine Untergliederung dieser Kennzahl sein können. Auch die Qualifizierung von Mitarbeitern spielt im Umfeld des demografischen Wandels eine immer wichtigere Rolle. Diversität wirkt sich häufig auch positiv auf die Kreativität und die Innovationsfähigkeit eines Unternehmens aus.

Übersicht für Kennzahlenentscheide

Dieses Arbeitsblatt ermöglicht Ihnen aus einer grossen Auswahl von möglichen Kennzahlen deren Aufnahme unter systematischen Gesichtspunkten in Ihr Kennzahlensystem. Die Entscheidungskriterien in der rechten Spalte können auf den Vorlage angepasst und erweitert werden.	Relevanz	Erstellungsaufwand	Unternehmensziel	Datenmaterial
Produktivität und Leistung				
Personalkosten pro Mitarbeiter				
Produktivität der Belegschaft				
Personalaufwandsquote				
Leistungsgrad				
Arbeitsmengenproduktivität				
Umsatz pro Mitarbeiter				
Nettogewinn pro Mitarbeiter				
Arbeitsaufwand pro Leistungseinheit				
Ausfallzeit-Kosten pro Mitarbeiter und Tag				
Personalrekrutierung				
Vorstellungseffizienz und -qoute				
Anzahl Initiativbewerbungen				
Anzahl abgelehnter Verträge				
Einstellungsquote				
Personalrekrutierungskosten				
an Fachbereich weitergeleitete Bewerbungen				
Effizienz der Rekrutierungswege				
Produktivität der Personalrekrutierung				
Bewerber pro Stellenanzeige				
Bewerber pro Ausbildungsplatz				

Übernahmequote nach Probezeit				
Beschaffungskosten pro Eintritt				

Personalentwicklung				
Ausbildungsquote				
Qualifikationsstruktur				
Anzahl jährlicher Weiterbildungsmassnahmen/MA				
Anteil bedarfsorientiert konzipierter Seminare				
Weiterbildungskosten pro Tag/pro Teilnehmer				
Anteil Personalentwicklungskosten an Gesamtkosten				
Bildungsrendite				
Beanspruchung von Bildungsurlaubstagen				
Weiterbildungstage/-zeit pro Mitarbeiter				
Struktur der Prüfungsergebnisse				
Durchschnittskosten pro sich weiterbildendem MA				
Anteil von CBT/E-Learning an Gesamtweiterbildung				
Kosten pro internem/externem Trainingstag				
Follow-up-Veranstaltungen zur Transfersicherung				
Anzahl absolvierter anerkannter Prüfungen				
Anzahl Beteiligungen am Vorschlagswesen				

Lohn und Personalkosten				
Betriebliche Personalkosten				
Vergütung und Lohnnebenleistungen				
Durchschnittskosten je Überstunde				
HR-Aufwandskosten pro Mitarbeiter				
Überstundenentwicklung				
Überstundenquote in % und Kosten pro Mitarbeiter				
Lohnkosten pro Leistungsstunde				

Quote der HR-Auslagerungskosten				
Outplacement-Kosten pro Mitarbeiter				
Frühpensionierungs-Kosten pro Mitarbeiter				
Anteil variabler Vergütung an Gesamtvergütung				
Fluktuationskosten pro Mitarbeiter				
Personalkostenintensität				
Sozialplankosten pro Mitarbeiter				
Lohnformenstruktur				
Anteil der Lohnnebenkosten				
AG-Anteile gesetzlicher Sozialleistungen				
Innerbetrieblicher Lohnfaktor				
Gesamtlohnentwicklung				
Gesamtlohnentwicklung nach Mitarbeitersegmenten				
Lohnentwicklung nach Abteilungen				
Lohnentwicklung nach Unternehmensbereichen				
Lohnabrechnungskosten pro Mitarbeiter				
Anteil Kosten für betriebliche Sozialleistungen				
Abfindungsaufwand je Mitarbeiter				
Aufteilung nach Gehaltsgruppen				
Personalführung				
Führungs-Leitungsspanne				
Anzahl direkt unterstellter MA pro Führungskraft				
Anteil der als Mentoren tätigen Führungskräfte				
Anteil gemeldeter Mobbingfälle pro Jahr				
Anteil der Führungskräfte-Coachings				
Anzahl disziplinarischer Massnahmen				
Anteil realisierter Beförderungen an geplanten Bef.				
Betriebszugehörigkeit je Führungskraft				

Vertretungsspanne				
Anteil Führungskräftecoachings an Gesamtcoachings				
Personalstruktur				
Personalbestand nach Organisationseinheiten				
Frauenanteil				
Behindertenanteil				
Anteil ausländischer Arbeitnehmer				
Durchschnittsalter der Belegschaft				
Quote der über 50jährigen bzw. Altersklassen XY				
Facharbeiter- und Hilfskraft-Quoten				
Durchschnittliche Betriebszugehörigkeit				
Personalbestand nach Regionen und Kantonen				
Personalbestand nach Anstellungsverhältnis				
Durchschnittlicher Personalbestand				
Personalbedarfsbestimmung				
Neue Stellen nach Projektplanung				
Bekannte Personalveränderungen durch Abgang				
Voraussichtliche Abgänge durch Fluktuation				
Anteil definierter Stellen im Unternehmen				
Jährliche Steigerungsrate Arbeitsproduktivität				
Anteil nach Arbeitszeitpensen				
Anzahl nach Führungsebenen				
Anteile Qualifikationsarten				
Personalfreisetzungen				
Anteil der jährlichen Personalfreisetzungen				
Art der Freisetzungsgründe pro Abteilung				

163

Anteil der gerichtlich begründeten Freisetzungen				
Anteil gerichtlich rückgängig gem. Freisetzungen				
Austritte nach Kündigungsgründen				
Kündigungen auf Kaderebene				
Eigenkündigungsquote				
Kündigung nach Betriebsgründen				
Anzahl und Anteile Probezeitkündigungen				
Anzahl und Gründe fristloser Kündigungen				
Durchschnittsdauer Wiederbesetzung einer Stelle				
Summe Dienstalter bei Austritt				
Weitere Kennziffern				
Krankheitsquote				
Absenzenquote				
Arbeitszeitvolumen				
Arbeitsplatzstruktur				
Verteilung des Jahresurlaubs				
Altersteilzeitphasen				
Unfallquote				
Kosten der Ausfallzeiten				
Kosten Arbeitsunfälle				
Effektive Arbeitszeit				
Abweichungs-Entwicklung der Soll-Ist-Arbeitszeiten				
Ermittlung der Arbeitskräftereserve				
Entsendungsquote				
Rückkehrquote nach Entsendung				
Nutzungsgrad freiwilliger Sozialleistungsangebote				
Aufwand für freiwillige betriebliche Sozialleistungen				
Stellenbesetzungsquote mit internen Mitarbeitern				

Bonus- und Prämienzahlungen je Mitarbeiter				
Alterversorgungsanspruch pro Mitarbeiter				
Arbeitsgerichtskosten pro Mitarbeiter				
Gehaltskosten pro MA während Freistellungsphase				
Durchschnittliches Resturlaubsguthaben				
Durchschnittlich unbezahlte Ferienbezüge				
Gesundheitlich bedingte Pensionierungen/Jahr in %				
Betriebsgrundbedingte Pensionierungen/Jahr in %				
Kosten Resturlaubsauszahlung pro Mitarbeiter				
Diversity Faktor				
Teilzeitquote				
Aufgliederung von Arbeitszeitpensen				
Durchschnitt Vakanzdauer bis Neustellenbesetzung				
Durchschnittliche Verweildauer von GL-Mitgliedern				
Quote Mitarbeiter-Entwicklungsvereinbarung				
Mitarbeiterzufriedenheitsindex				
Anteil Mitarbeiter mit spezifischen Qualifikationen				
Austritte nach bestimmten Zeitperioden				
Rücklaufquote von Mitarbeiterbeurteilungen				
Zahl der Mitarbeiter pro HR-Angestelltem				
Kosten Personalmanagement-Funktion pro MA				
Prozentsatz des HR-Erfolgs in Relation zu Zielen				
Güte Feedback-Bewertung durch Linienvorgesetzten				
Güte Feedback-Bewertung durch interne Kunden				
Güte der Unternehmenskultur				
Zusagequote Erster-Wahl-Kandidaten				
Quote interner und externer Besetzungen				
Quote Schlüsselpositionen mit Nachfolgern				
Quote der fristgerecht erreichten Ziele				

Durchschnittliche Krankheitsdauer				
Anzahl Burnoutfälle				
Durchschnittliche Abwesenheitsdauer pro Unfall				
Anzahl Zwischenzeugnisse pro Jahr				
Anzahl Freelancer-Tage				
Summe Abwesenheitsmonate von Expatriates				
Anzahl Expatriates				
Anzahl durchgeführte Mitarbeiterbefragungen				
Beteiligungsquote Mitarbeiterbefragung				
Anteile von Unfallarten				
Anteile von Unfallursachen				
Commitment-Index				
Anzahl Sozialdienstbeanspruchungen				
Arten von gesundheitlichen Problemen				
Arten psychischer Probleme				
Summe aller Vakanzen				
Frauenanteil bei Führungskräften				
Frauenanteil in der Geschäftsleitung				
Anteil Instrumente bei der Mitarbeitereinführung				
Nutzungsgrade Angebote zu Worklife-Balance				
Prozentsatz unbesetzter Stellen				
Candidate Experience				
Active Sourcing				
Cost-of-vacancy				
Kennzahlen zur Karriere-Website				
Arbeitgeber-Attraktivität				
Social Media-Monitoring				
Candidate Journey-Kennzahlen				

Textbausteine für HR-Kennzahlen-Reportings

Attraktive Gestaltung und ein klarer Aufbau sind in HR-Kennzahlen-Reportings wichtig. Doch es gilt auch, Begründungen, Definitionen, Analysen, Massnahmen und Entwicklungen präzise, genau und klar zu formulieren und zu kommentieren. Anregungen für verschiedene Situationen geben die nachfolgenden Musterformulierungen, die so gehalten sind, dass sie für verschiedene Kennzahlen und Situationen eingesetzt werden können. Diese bestehen auch als Textvorlagen und können so leichter verwendet bzw. angepasst werden.

Kennzahlendefinitionen und -vorstellungen

Alarmsignal

Diese Kennzahl ist für unser Unternehmen von besonderer Bedeutung, da sie ein Alarmsignal für eine unverhältnismässige Zunahme der Personalfluktuation ist. Gerade bei Schlüsselpositionen und Know-how-Trägern in unserem Unternehmen haben wir hier klare Eingreifwerte definiert, die uns schnelles und proaktives Handeln gestatten.

Begründung Kennzahlenaufnahme

Zur Neuaufnahme dieser Kennzahlen zur Personalgewinnungs-Effizienz haben uns drei Gründe bewogen. Erstens sind wir als stark expandierendes Unternehmen permanent auf Personalsuche und daher gezwungen, die Kosten tief zu halten und die Gewinnung effizient vorzunehmen. Zweitens sind mit dem E-Recruiting tiefgreifende Veränderungen im Gange, die mit diesen Kennzahlen präziser und transparenter verfolgt werden können. Und drittens geht es darum, unsere Linienvorgesetzten von Rekrutierungsaufgaben zu entlasten, was diese neuen Kennzahlen durch die Effizienz- und Leistungsmessen stärker zulassen als bisher.

Wichtiges Steuerungsinstrument

Die Kennzahl betrachten wir als wichtiges Steuerungsinstrument, da sie hilft die Kosten genau zu überwachen und im Rahmen der Lohnkostenplanung ein sofortiges Einschreiten ermöglicht. Wir setzen sie stark in Bezug zu den Kennzahlen *Umsatz pro Mitarbeiter* und *Produktivität* und streben für das nächste HR-Reporting eine aussagekräftigere Untergliederung der Kennzahl in Betracht.

Relativierung des Aussagewertes

Man muss sich jedoch darüber im Klaren sein, dass diese Kennzahl nur einen verhältnismässig kleinen Teil der Realität unseres Unternehmens abbildet und sich auf quantitative Betrachtung konzentriert. So sind denn externe Einflussfaktoren, Veränderungen in den Werthaltungen, neue Bedarfstrends von Mitarbeitern – um nur einige Aspekte zu nennen – in dieser Kennzahl nicht enthalten.

Kennzahl für Planwerteinhaltung

Diese Kennzahl gehört zu den wichtigsten in unserem Human Resource Management überhaupt. Sie gestattet uns, die Plan- und Sollwerte permanent zu überwachen, bei einem Überschreiten der Werte sofort einzugreifen und mit Massnahmen notwendige Korrekturen einzuleiten. Darüber hinaus ist die Kennzahl auch ein wichtiger Indikator für die Wettbewerbsfähigkeit unseres Unternehmens auf den Arbeitsmärkten.

Bezug zu anderen Kennzahlen

Diese Kennzahl sehen wir vor allem in Bezug zur Bildungsrendite und der Qualifikationsstruktur als relevant an. Sie lässt eine verfeinerte und genauere Analyse zu und trägt dem besonderen Umstand in unserem Unternehmen Rechnung, dass die Personalentwicklung permanent neuen Anforderungen gewachsen sein muss und effizient und kostengünstig geplant und realisiert werden muss.

Führungsspanne

Die Überwachung der Führungsspanne ist in unserem personalintensiven Unternehmen mit von Jahr zur Jahr steigenden Personalkosten von besonderer Bedeutung. Sie wird denn auch weiter untergliedert in die Kennzahlen Anzahl der von der Führungskraft kontrollierten MA und der Vertretungsspanne. Auch im Bereich Zielvereinbarungen bestehen zwei Kern-Kennzahlen, welche erlauben, die Entwicklung differenziert weiter zu verfolgen.

Aufgabe

Diese Kennzahl informiert uns darüber, wie viele unserer Mitarbeiter sich in welchen Monaten in den Ferien befinden. Sie ist für unseren Betrieb mit seinen saisonalen Schwankungen des Auftragseingangs wichtig und eine hilfreiche Grundlage für die Urlaubsplanung generell. Die Zahlen können jedoch starken Schwankungen unterworfen sein und müssen daher mit den Linienvorgesetzten mittels Einsatzplänen und Präsenzstatistiken halbjährlich neu eruiert werden.

Analyse und Interpretation

Anstieg

Die Kennzahl hat den von uns definierten zulässigen Wert überschritten und ist seit drei Jahren stark angestiegen. Die Analyse gestaltet sich schwierig, da mehrere Einflussfaktoren daran beteiligt sind. Zur Hauptsache sind es wohl aber die Konjunkturentwicklung und die neuen restriktiven Gesetzesvorschriften.

Stabile Situation

Diese Kennzahl ist erfreulich stabil und entwickelt sich innerhalb der vorgegebenen Werte. Dies zeigt, dass die realisierten Massnahmen stets erfolgreich waren, die Kontrollmechanismen einwandfrei funktionierten, alle verantwortlichen Führungskräfte die Aufgabe sehr ernst nahmen und sich ihr mit einem hohen Mass an Kompetenz widmeten.

Anstieg ohne Handlungsbedarf

Wir beobachten hier von Jahr zu Jahr ein stetiges Ansteigen. Dies geht aber einher mit den Entwicklungen im Bereich der Lohnkosten und Bildungsausgaben und gibt daher innerhalb der definierten Werte kein Anlass zu Massnahmen. Sollte aber der Eingreifpunkt von 4.00 nächstes Jahr überschritten werden, wäre ein Massnahmenpaket notwendig. Dieses wird mit den verantwortlichen Abteilungsleitern im nächsten Quartal vorbesprochen und in Ansätzen festgelegt, damit wir sofort handlungsfähig wären.

Deutlicher Wert durch Massnahme

Dieser Kennzahlenwert zeigt deutlich, dass die Massnahmen Wirkung zeigten. Die Kennzahl ist trotz nach wie vor schwieriger Umstände und Rahmenbedingungen von einem Wert von 3.0 deutlich auf 2.2 gesunken. Besonders die Massnahmen X und Y haben sich sehr positiv ausgewirkt. Auch der Bezug zu den verwandten Kennzahlen A und B entwickelt sich im gleichen Verhältnis, so dass die Analyse und Interpretation als gesichert und zuverlässig betrachtet werden darf.

Trendwende

Die Kennzahl ist nun seit vier Jahren erstmals rückläufig. Dies ist um so erfreulicher, als die Rahmenbedingungen sich nicht wesentlich verbessert haben und die externen Kosten für diese Dienstleistungen nach wie vor steigen. Aber das Massnahmenbündel, die

Reorganisation, die strenge Erfolgskontrolle und die präzisen Steuerungsinstrumente haben dennoch diese Trendwende ermöglicht.

Dringender Handlungsbedarf

Dieser Anstieg in nur zwei Jahren hat die zulässigen Werte deutlich überschritten. Da der Eingreifwert bei 1200 liegt, ist nun sofortiger Handlungsbedarf gefordert. Es erfolgt nun eine noch detailliertere Analyse, anschliessend verschiedene Ursachen, die zu dieser Entwicklung führten und ein Massnahmenpaket, welches mit den verantwortlichen Abteilungsleitern besprochen und abgestimmt wird. Die Kennzahl wird daher jeden zweiten Monat unter die Lupe genommen, dann besprochen und sehr gründlich analysiert. Aufgrund der Komplexität der Aufgabe, wurde auch schon ein Beratungsauftrag mit einer qualifizierten Agentur in Betracht gezogen.

Massnahmen

Massnahmenpaket

Um dieser Entwicklung Einhalt zu gebieten, muss ein ganzes Massnahmenpaket verabschiedet werden. Wichtig ist, dass dieses an allen Fronten greift und das Problem ganzheitlich angeht. Das Paket besteht aus rigorosen Kostenkürzungen, Leistungsreduktionen auf das absolut Notwendige, eine strikte Erfolgskontrolle und wesentlich sorgfältigere Selektionen als bisher. Diese Massnahmen werden bis Ende des Monats geplant und bis Ende des 2. Quartals realisiert. Erste positive Auswirkungen werden gegen Ende des Jahres erwartet.

Massnahmen und Vorgehen

Es drängen sich nun sofortige Massnahmen auf, um die rückläufige Entwicklung zu stoppen. Ein weiterer Anstieg macht Korrekturmassnahmen ansonsten zunehmend schwieriger. Die Massnahmen werden mit den verantwortlichen Führungskräften besprochen, der Geschäftsleitung vorgelegt und dann mit höchster Priorität vorangetrieben und realisiert. Die Schwerpunkte setzen wir in den Bereichen A, B und C.

Geringe Beeinflussbarkeit

Massnahmen sind hier nur wenige möglich, da das Problem in der konjunkturellen Entwicklung, den gesetzlichen Vorschriften und neuen Trends auf den Arbeitsmärkten zu sehen ist. Diesen Gründen kann man nur wenig entgegenhalten die Entwicklung wirksam bekämpfen. Eine Verlangsamung des Anstieges ist in den Bereichen X und Y möglich und in kurzfristig realisierbaren Weiterbildungsmass-nahmen, die aber einer Erfolgskontrolle unterliegen müssen.

Relevanz und Bezug der Kennzahl

Die Kennzahl ist ein interessanter Indikator des Engagements, der Motivation und des Interesses unserer Mitarbeiter an der Unter-nehmensentwicklung generell. Wir erachten sie als sehr bedeutsam. Sie ist das Resultat hervorragender Führungsarbeit unserer Abtei-lungsleiter, die Folge von sehr gezielten Personalentwicklungsmass-nahmen und wohl auch ein Zeichen für die Wirksamkeit der kürzlich eingeführten Zielvereinbarungsgespräche. Da auch die verwandten Kennzahlen X und Y die gleiche erfreuliche Entwicklung aufweisen, darf dieser Wert als gesichert und die Interpretation als ebenso treffend und zuverlässig betrachtet werden.

Probleme mit Ertragskraft

Diese Kennzahl liefert auch bei uns Informationen zur Personal-, Produktivitäts- und Arbeitsintensität unseres Betriebes. Die dieses Jahr schwache Ertragslage ist auch mit den nach wie vor hohen Personalkosten zu erklären. Diese machen auch bei uns den gröss-ten Kostenanteil aus. Wir wollen aber Einsparungen erzielen, welche keine Entlassungen erfordern. Dafür sind Gespräche mit der Ge-schäftsleitung, den Abteilungsleitern und der HR-Leitung geplant. Wir sehen die wirksamsten Massnahmen aber schon heute bei vor-zeitigen Pensionierungen, eine vorübergehende Einstellung kosten-intensiver HR-Dienstleistungen und eine kritische Analyse der Boni und Provisionen.

Kennzahl auf gelber Ampelfarbe

Aufgrund dieser erstmals leicht rückläufigen Entwicklung schon Massnahmen zu ergreifen, ist verfrüht. Es gilt aber, die Kennzahl genauestens unter Kontrolle zu haben und äusserst aufmerksam zu verfolgen. Die Grenzwerte bzw. Eingreifpunkte wurden sicherheits-halber leicht reduziert und der Stand wird in drei Monaten mit den zuständigen Abteilungsleitern auf jeden Fall mit höchster Priorität besprochen. Sollte dann keine gegenläufige Entwicklung eingetreten sein, werden gezielte Massnahmen verabschiedet.

Excel-Tipps für Kennzahlen-Sheets

Excel für Kennzahlen und Controlling-Aufgaben

Excel ist die bekannteste und wohl leistungsfähigste Software, wenn es um Zahlen, Berechnungen, Analysen – und Kennzahlen geht. Es gibt zahlreiche Automatisierungsmöglichkeiten, Darstellungsformen, Grafiken, Detailanalysen, Bezugsformen und vieles mehr, welche nicht nur enorm viel Zeit sparen helfen, sondern auch detaillierte und weitgehende Analysen und Auswertungen zulassen. Wir haben deshalb die wichtigsten und interessantesten Tipps zusammengetragen, die besonders im Umfeld von Kennzahlen nützlich sind und dort oft zur Anwendung kommen. Seien Sie sich bewusst, dass die Anwendbarkeit, die Termini oder das Vorgehen je nach Version variieren und von den Beschreibungen abweichen können. Das Nachschlagen im Hilfeteil führt aber oft zur gewünschten Lösung.

Excel-Tipps für Formeln, Funktionen und Eingaben

Dateinamen in einer Zelle ausgeben

In eine beliebige Zelle wird die Formel =ZELLE("Dateiname") eingegeben. Excel liefert in dieser Zelle dann den Speicherpfad, den Namen der Datei und auch den Namen des aktuellen Tabellenblattes. Die Funktion liefert nur ein Ergebnis, wenn es sich um eine zuvor bereits gespeicherte und keine neue Datei handelt. Der Name des Tabellenblattes wird nicht ergänzt, wenn es den selben Namen wie die Datei trägt und kein weiteres Tabellenblatt existiert.

Anzeige von Nullwerten unterdrücken

In einer Tabelle wurden bereits vorbereitend Formeln für z.B. Folgemonate o.ä. eingegeben, welche nun mit Nullwerten erscheinen. Um die Übersichtlichkeit zu erhöhen kann die Anzeige der Nullwerte wie folgt vermieden werden: Den Befehl *Optionen* aus dem Menü *Extras* auswählen- auf die Registerkarte *Ansicht* wechseln- und hier das Kontrollkästchen *Nullwerte* deaktivieren. Abschliessend mit *OK* bestätigen.

Automatisches Ausfüllen

Viel Zeitersparnis bringt die Funktion des automatischen Ausfüllens von Zahlen und Werten in Spalten. So genügt es, in die erste Zelle den Monat Januar oder eine Zahl einzugeben und mit der Maus den rechten unteren quadratischen Greifpunkt nach unten zu ziehen. Die Monate oder Zahlenwerte werden automatisch weitergeführt. Dies funktioniert auch mit Buchstaben- und Zahlenkombinationen wie Q1 oder Variante1 usw.

Reihen und Listen erstellen

Oft tippt man immer wieder die selben Produkte, Mitarbeiter- oder Filialnamen ein. Doch solche Listen müssen nur ein Mal erstellt werden und können dann automatisiert abgerufen werden, da sie von Excel gespeichert werden. Und zwar so: Erstellen Sie die Liste der Namen zuerst auf die herkömmliche Art, und zwar in der gewünschten Reihenfolge. Markieren Sie anschliessend alle Einträge und wählen Sie *Extras/Optionen*. Klicken Sie auf die Registerkarte *Benutzerdefinierte Listen* und danach auf *Importieren*. Ab jetzt können Sie eine Liste mit einem beliebigen Vornamen starten und von Excel auf die beschriebene Weise vervollständigen lassen. Die Liste steht übrigens nachher automatisch in allen Excel-Dateien zur Verfügung.

AutoVervollständigen für weniger Tipparbeit

Die Funktion *AutoVervollständigen* ist standardmässig aktiviert. Während der Dateneingabe in einer Spalte kontrolliert Excel jeweils, ob die bereits vorhandenen Einträge schon einmal erfasst wurden. Sobald die Eingabe eindeutig einem bestehenden Eintrag zugeordnet werden kann, vervollständigt das Programm die Zelle. Um den Vorschlag anzunehmen, drücken Sie *Enter* oder die *Return-Taste*. Um ihn abzulehnen, schreiben Sie einfach weiter oder betätigen *Delete*. Möchten Sie die automatische Vervollständigungsfunktion ausschalten, gehen Sie zum Menü *Extras/Optionen*.

Deaktivieren Sie anschliessend unter dem Reiter Bearbeiten das Kontrollkästchen *AutoVervollständigen für Zellwerte* aktivieren. Bei komplexen oder längeren Einträgen dauert es oft zu lange, bis die «AutoVervollständigen»-Funktion greift. In solchen Fällen hilft folgender Trick weiter: Klicken Sie mit der rechten Maustaste auf die nächste freie Zelle und wählen Sie im Kontextmenü den Befehl *Dropdown-Auswahlliste*. Excel erstellt automatisch ein Dropdown-Menü, in dem alle Begriffe zu finden sind, die direkt oberhalb schon einmal verwendet wurden. Die beiden erwähnten Vervollständigungsfunktionen sind allerdings mit Einschränkungen behaftet.

Kopieren von Registerblättern

Das Kopieren von mit viel Aufwand erstellen Registerblättern spart viel Zeit – und funktioniert sehr einfach: *Ctrl-Taste* drücken, Register-Tab markieren und nach rechts bzw. an die gewünschte Stelle ziehen. Eine weitere Möglichkeit besteht darin, mit der rechten Maustaste auf das Tabellenblatt zu klicken, im Kontextmenü auf *verschieben/kopieren* klicken, Feld *Kopie erstellen* aktivieren und mit „OK" die gesamte Tabelle an die gewünschte Stelle oder Datei kopieren. Ebenfalls lässt sich ein komplettes Tabellenblatt kopieren besteht durch einen Klick auf das Feld im Kreuz zwischen Spalte A und Zelle 1, dann über die Tastenkombination STRG+C die Daten kopieren und ein weiteres Tabellenblatt aufrufen und mit STRG+V die Daten wieder einfügen.

Excel-Tabellenblatt fixieren

Beim Herunterscrollen eines Tabellenblattes verschwinden zwangsläufig die obersten Zeilen. Verhindert wird dies, indem ein gewünschtes Feld unterhalb der definierten Überschrift markiert und in der Bearbeitungsleiste unter dem Menü *Fenster* die Option *Fenster fixieren* aktiviert wird.

Entfernung eines Hyperlinks

Um eine Zelle, welche vormals einen Hyperlink enthalten hat, wieder normal zu formatieren, muss die Zelle (nicht der Zelleninhalt) markiert und dann im Menü *Bearbeiten* den Befehl *Löschen-Formate* gewählt werden.

Mehrere Formatierungen löschen

Hat man Zellen mehrfach beispielsweise mit Farben, Rahmenlinien und Kursivschrift formatiert, gibt es via Shortcut einen schnellen Weg, alle Formatierungen in einem Durchgang zu löschen: *Ctrl-Taste* drücken und mit der über die zu löschenden formatierten Zellen markieren.

Spaltenbreite automatisch anpassen

Excel zeigt den Inhalt zu schmaler Zellen als "####" an oder schneidet ihn - falls es sich um einen Texteintrag handelt - einfach ab. Hierbei ist lediglich die Spaltenbreite für den Inhalt einiger Zellen zu schmal definiert. Einzelne Spaltenbreiten werden optimiert durch einen Doppelklick auf den rechten Rand der Spaltenüberschrift (die Maus wird an dieser Stelle zum Doppelpfeil).

Um alle Spalten einer Tabelle anzupassen, wird das gesamte Tabellenblatt markiert und in der Bearbeitungsleiste unter dem Menü *Format Spalte – Optimale Breite bestimmen* die Spaltenbreite der gesamten Tabelle optimiert.

Anpassung der Tabellengrösse an Ausdruckformat

Soll eine Tabelle für den Ausdruck angepasst werden, stellt Excel für diesen Zweck eine komfortable Funktion zur Verfügung:

Im Menü *Datei* wird dazu der Befehl *Seite einrichten* angeklickt- und auf der Registerkarte *Papierformat* die Option *Anpassen* ausgewählt. Damit ist gewährleistet, dass beim Ausdrucken auch alle ausgefüllten Zellen angedruckt werden.

Die Dialog-Einstellungen müssen dazu so festgelegt sein, dass der Ausdruck auf *1-SEITE(N)-hoch und 1-SEITE(N)-breit* eingestellt sind - Soll ein Tabellenblatt dagegen gestreckt werden, muss die Option *Verkleinern - Vergrössern* mit dem Skalierungsfaktor „100%" hinterlegt sein. Excel wendet diesen Faktor dabei immer auf die horizontalen und die vertikalen Abmessungen an.

Stelle des Kommas einheitlich plazieren

Bei mehreren untereinander aufgeführten Zahlen soll das Komma unabhängig von der Nachkommastelle immer an der selben Stelle stehen. Dieses wird durch die Auswahl des Befehls *Zellen formatieren* im Kontextmenü (rechte Maustaste) erreicht. Auf der Registerkarte *Zahlen* wird unter *Kategorie* der Eintrag *Benutzerdefiniert* ausgewählt, und unter *Format* die Zeichenfolge 0,???? eingegeben. Die Anzahl der Fragezeichen definiert hierbei die Anzahl der Nachkommastellen.

Zeilenumbruch in einer Zelle per Tastenkombination

Bei längeren Texten in einzelnen Zellen wird ein Zeilenumbruch innerhalb einer Zelle an der gewünschten Position durch die Tastenkombination ALT+ENTER erzeugt.

Bezüge zu anderen Dateien herstellen

Sollen in einer Datei Daten aus einer anderen Datei berücksichtigt werden, müssen beide Dateien hierzu geöffnet sein. In der Zelle, die die verknüpfte Information enthalten soll wird „=" eingegeben und durch einen Sprung in die Informationszelle der Quelldatei un anschliessendes Betätigen der ENTER-Taste die Verknüpfung angelegt. Beim erneuten Öffnen der Datei werden die Daten aktualisiert. Vorsicht, durch Umbenennen oder Verschieben der Quelldatei wird die Verknüpfung jedoch ungültig!

Benutzerdefinierte Seitennumerierung

Soll beim Andruck nicht mit der Seite 1 begonnen werden, so ist es möglich, eine benutzerdefinierte Seitennummer in der Fusszeile festzulegen: Im Menü *Datei* wird hierzu der Befehl *Seite einrichten...* und auf der Registerkarte *Kopfzeile/Fusszeile* die Schaltfläche *Benutzerdefinierte Fusszeile* angeklickt. Im gewünschten Abschnitt wird hinter der Definition der Seitennummer ("Seite &[Seite]") der Zusatz +5 eingegeben, wenn z.b. der Ausdruck mit Seite 6 beginnen soll.

Zellinhalte in Abhängigkeit vom Wert formatieren

Mit Hilfe der bedingten Formatierung lassen sich Zellinhalte je nach Ihrem Wert beliebig optisch herausheben. Die Schrift sowie Zellrahmen und -hintergrund können dabei angepasst werden. Hierzu wird der zu formatierende Zellbereich markiert und dann der Befehl *Bedingte Formatierung* aus dem Menü *Format* ausgewählt. Hier können Bedingungen mit logischen Operanden für die herauszuhebenden Werte definiert oder auch konkrete Werte bestimmt werden, um dann mit der Schaltfläche *Format* in den folgenden drei Registerkarten die Zellformate festzulegen. Beispiele können sein Minuswerte rot, Sonntage kursiv, Werte > 1000 grün, bestimmte Namen blau etc.

Verketten von Zellen mit Darstellung von Formaten

Aufbauend auf vorhergehenden Tipp können auch die Formate von unterschiedlichen Zellinhalten beim Verketten mehrerer Zellen übernommen bzw. neue Formate zugewiesen werden. Steht z.b. in Zelle A1 ein Datum und in B1 ein weiterer beliebiger Text, so kann die entsprechend Formel in diesem Fall wie folgt lauten: =VERKETTEN(TEXT(A1;"TT.MM.JJJJ");B1). Steht in A1 z.b. eine zweistellige Nachkommazahl, so kann diese mit B1 wie folgt verkettet werden: =VERKETTEN(TEXT(A1;"0,00");B1)

Excel-Diagramm mit Aktualisierung in Powerpoint einfügen

Um ein in Excel erstelltes Diagramm in eine Powerpoint-Präsentation zu übernehmen und dabei eine spätere automatische Aktualisierung von Änderungen aus Excel nach Powerpoint zu gewährleisten muss zunächst das Diagramm in Excel markiert werden, dann kopiert und in Powerpoint danach nicht über Einfügen / Objekt, sondern über *Bearbeiten / Inhalte einfügen ... / Link einfügen* gehen und Microsoft-Excel-Arbeitsblatt-Objekt auswählen. So ist gewährleistet, dass die Verknüpfung funktioniert und die Daten jeweils auf Basis des zuletzt gespeicherten Standes der Excel-Tabelle in Powerpoint aktuell angezeigt werden. Hierbei dürfen jedoch die Dateien nicht über den Explorer umbenannt oder verschoben werden, da die Verknüpfung sonst nicht mehr funktioniert.

Ausschnitt einer Tabelle als Grafik weiterverarbeiten

Soll ein Ausschnitt aus einer Excel-Tabelle als Grafik in eine Präsentation oder an anderer Stelle in eine Excel-Tabelle eingefügt werden, muss zunächst der gewünschte Bereich markiert werden. Danach die *Umschalt*-Taste betätigen und diese gedrückt halten, aus dem Menü *Bearbeiten* den Befehl *Bild kopieren*. Dieser Befehl wird nur aktiviert, wenn die *Umschalt*-Taste gedrückt ist! Dadurch wird der Standardbefehl *kopieren*, der normalerweise an dieser Stelle im Menü steht, durch diesen neuen Befehl ersetzt. Die Grafik kann nun bequem in jeder anderen Anwendung weiterbearbeitet werden!

Formate mehrfach übertragen

Mit der Schaltfläche *Format übertragen* (Pinsel-Symbol) aus der Menüleiste können bekanntlich Formate von zuvor markierten Zellen auf andere Zellen oder Zellbereiche übertragen werden. Wenn ein bestimmtes Format mehrfach übertragen werden soll, muss erneut auf das Pinsel-Symbol geklickt werden, oder aber noch einfacher: Ein Doppelklick auf das Pinsel-Symbol aktiviert dieses permanent und nacheinander kann nun das gewählte Format auf verschiedene Zellen übertragen werden, ohne jedesmal auf dieses Symbol zu klicken. Ein Klick deaktiviert den „Pinsel" schliesslich wieder.

Farbige Registerkarten

Für Registerkarten können am unteren Rand jeder Arbeitsmappe verschiedene Farben festgelegt werden, um damit die Übersichtlichkeit deutlich zu verbessern. Hierzu wird mit der rechten Maustaste der Name des gewünschten Tabellenblatts angeklickt, etwa "Tabelle1". Im Kontextmenü über den Eintrag *Registerfarbe* kann die Farbe je nach Wunsch angepasst werden.

Zeilen in Spalten verwandeln

Um Daten einer Zeile in eine Spaltenform zu bringen, müssen die Daten markiert und kopiert werden. Anschiessend über das Kontextmenü (rechte Maustaste) den Befehl *Inhalte einfügen* auswählen und hierbei das Feld *Transponieren* aktivieren.

Drop Down für Zelle

Um in einer Zelle nur eine bestimmte Auswahl von Werten zuzulassen, kann ein Gültigkeitsbereich festgelegt werden. Dieser kann dann via Dropdown Liste gewählt werden. *Daten Gültigkeit - Liste und Zellendropdown* anklicken.

Ausblendung von Nullen

Zu viele Nullen können in einem Tabellenblatt störend sein und die Lesbarkeit erschweren. Hierzu unter *Extras-Optionen* im Abschnitt *Fensteroptionen* das Häkchen bei Nullwerte entfernen. Damit zeigt Excel statt der Zahl 0 ein leeres Feld an.

Gefilterte Teilergebnisse kopieren

Gefilterte Teilergebnisse können nicht ohne weiteres in ein neues Tabellenblatt kopiert werden ohne auch die ausgeblendeten Inhalte mit zu kopieren. Hierzu den sichtbaren/gefilterten Bereich markieren und dann im Menü *Bearbeiten* den Punkt *Gehe zu* auswählen. Im folgenden Dialogfenster auf die Schaltfläche *Inhalte* klicken. Die Option *Nur sichtbare Zellen* auswählen und auf *OK* klicken. Jetzt können die markierten Daten wie gewohnt kopiert werden und lediglich diese in einen anderen Bereich einfügen. Hierzu gibt es auch in der Symbolleiste *Bearbeiten* die Schaltfläche *sichtbare Zellen markieren.*

Automatisches Wiederholen von eingegebenen Elementen

Wenn die ersten Zeichen, die in eine Zelle eingeben werden, einem in dieser Spalte bereits vorhandenen Eintrag entsprechen, werden die übrigen Zeichen automatisch von Excel vervollständigt. Es werden nur die Einträge ergänzt, die Text oder eine Kombination aus Text und Zahlen enthalten. Einträge, die nur aus Zahlen, Datums- oder Zeitwerten bestehen, werden nicht automatisch vervollständigt. Der Eintrag wird akzeptiert durch Drücken der Eingabetaste.

Der vervollständigte Eintrag entspricht hinsichtlich Gross- und Kleinschreibung genau der Vorgabe des bereits vorhandenen Eintrags. Um die automatisch eingegebenen Zeichen zu ersetzen, einfach die Eingabe fortsetzen. Um die automatisch eingegebenen Zeichen zu löschen, die Rücktaste betätigen.

Zellen mit Formeln oder bedingten Formatierungen suchen

In einer Tabelle sollen alle Zellen angezeigt werden, in denen eine Formel steht oder die bedingt formatiert sind. Hierzu im Menü *Bearbeiten* den Punkt *Gehe zu* und im folgenden Dialogfenster auf die Schaltfläche *Inhalte* klicken. Die Option *Formeln* markieren und auf *OK* klicken. Jetzt sind alle Zellen in denen eine Formel steht, markiert. Analog können auch Zellen mit bedingter Formatierung angezeigt werden. Hierzu die Option *bedingte Formate* auswählen.

Alle Formeln mit Shortcut ansehen

Wenn alle Formeln, die im aktuellen Datenblatt vorhanden sind angezeigt werden sollen, geschieht dies durch die Tastenkombination STRG + #. Durch nochmaliges Drücken dieser Kombination ist die normale Ansicht wieder hergestellt.

Gitternetz für Präsentationen ausblenden

Das Hintergrundgitter in Excel leistet als Orientierungshilfe einen ausgezeichneten Dienst, es kann aber beispielsweise bei der Präsentation mit einem Beamer störend wirken Um das Gitter auszublenden, unter *Extras/Optionen* das Register *Ansicht* auswählen und den Haken vor *Gitternetzlinien* entfernen Unter dieser Option befindet sich auch eine Auswahlliste *Farbe*. Damit kann das Gitternetz anders eingefärbt werden, was in Kombination mit farbigen Linien in der Tabelle für weitere Visualisierungsmöglichkeiten sorgen kann.

Zellwert in Textfeld anzeigen

Wenn beispielsweise eine Zahl besonders hervorgehoben werden soll, ist es hilfreich, wenn sie nicht an die Begrenzung von Zeilen und Spalten gebunden ist. Dies funktioniert über die Verwendung von Textfeldern. Der Inhalt des Textfeldes kann flexibel gestaltet werden, indem der Bezug auf eine Zelle gesetzt wird, in der sich der Inhalt verändert. Über die Schaltfläche *Textfeld* in der *Zeichnen* Symbolleiste wird ein Textfeld erzeugt. Das Textfeld hat zunächst einen schraffierten Rahmen. Um das Feld über die Bearbeitungszeile zu pflegen, muss auf den Rahmen des Feldes geklickt werden, so dass dieser gerastert angezeigt wird. Anschliessend kann in der Bearbeitungszeile ein "=" - Zeichen eingegeben werden und nachfolgend auf die Zelle die den variablen Wert enthält; damit wird der Zellbezug erzeugt. Das Textfeld lässt sich jetzt frei auf der Tabelle verschieben und in der Grösse anpassen.

Variabler Diagrammtitel

Der Titel eines Diagramms wird beim Erstellen mit dem Assistenten festgelegt. Um diesen bequem nachträglich in Abhängigkeit einer bestimmten Zelle ändern zu können, wird die folgende Funktion benutzt: Im Diagramm auf den Diagrammtitel klicken, so dass dieser markiert ist. Nun in die Bearbeitungszeile klicken und ein "="- Zeichen eintippen anschliessend auf die Zelle klicken, deren Inhalt im Diagrammtitel angezeigt werden soll. Der Bezug erscheint jetzt in der Bearbeitungszeile. Danach die Eingabe mit der Enter-Taste abschliessen. Im Titel wird nun der Eintrag der entsprechenden

Zelle angezeigt. Wenn sich jetzt deren Zellinhalt ändert, passt sich auch der Titel Ihres Diagramms automatisch an.

Formeln durch Namensvergabe übersichtlicher gestalten

Bei der Arbeit mit grösseren Tabellen oder komplizierten Formeln werden die eingegebenen Bezüge durch die Koordinaten- oder Bereichsangaben in Formeln schnell unübersichtlich. Häufig liefert eine Formel wie beispielsweise A1*D5*F4+D4/G2*F7, kaum noch einen Rückschluss auf das, was eigentlich berechnet wird. Zur Verbesserung der Übersichtlichkeit und zur Vereinfachung der Formelerstellung können jedoch Zellen und Zellbereiche mit Namen versehen und diese in den Formeln benutzt werden.

Um einer Zelle oder einem Bereich einen Namen zu geben wir folgendermassen vorgegangen: 1. Zelle oder Bereich markieren, die bzw. der benannt werden soll, markieren - 2. Klick in das Namensfeld an der linken Seite der Bearbeitungsleiste, und den gewünschten Namen eingeben - 3. Bestätigen der Eingabe mit Return. Nun kann dieser Name in Formeln verwendet werden. Stehen z.B. in der Spalte B2 bis B5 lauter Einzelkosten, wird um die Summe zu berechnen als Bereich B2:B5 eingegeben. Wurde dieser Bereich vorher in Einzelkosten umbenannt, sieht die Formel wie folgt aus: Summe(Einzelkosten).

Daten aus einem Feld in mehrere Felder teilen

Bei Datendownloads aus Fremdsystemen sind diese oftmals komplett in einer Zelle abgelegt. Hierzu wird auf die Zelle oder den Bereich geklickt und in der Bearbeitungsleiste der Punkt *Daten* und anschliessend *Text in Spalten* aufgerufen. Es öffnet sich der Textformatassistent mit dem entweder die Daten nach festgelegter Breite oder nach Trennzeichen, wie beispielsweise Kommas oder Leerschritte aufgeteilt werden können. Anschliessend kann noch das Zellformat festgelegt werden und mit Klick auf die Schaltfläche *Fertig stellen* sind die Daten in gewünschter Weise über mehrere Zellen verteilt.

Daten aus verschiedenen Blättern oder Dateien verknüpfen

Oftmals sind Daten nicht in einer Datei oder auf einem Tabellenblatt abgelegt; beispielsweise enthält eine Datei die Information Personalnummer und Geburtsdatum und eine weitere die Information Personalnummer und organisatorische Zuordnung. Mit Hilfe der Datenbankfunktion „SVERWEIS" können diese miteinander abgeglichen werden. Die Struktur der Daten muss vom Aufbau her so gestaltet sein, dass das Vergleichsmerkmal (z.B. Personalnummer) jeweils immer vorne steht.

Hierzu wird in eine Zelle die Funktion „=SVERWEIS(„ eingegeben, dann auf das Feld geklickt, welches den ersten Vergleichsoperanden (z.B. Personalnummer) enthält, geklickt. Im Anschluss wird ein Semikolon eingegeben und der Bereich (z.B. Spalten A bis D), der die gewünschte Information (z.B. organisatorische Zuordnung) enthält, in einer anderen Datei oder einem anderen Tabellenblatt markiert.

Der Aufbau dieses Bereiches muss hier dann in der ersten Spalte den zweiten Vergleichsoperanden (z.B. Personalnummer) enthalten. Danach wird ein Semikolon eingegeben und die Nummer der Spalte, welche die Zielinformation (z.B. „4") enthält, eingegeben. Mit dem Schliessen der Klammer und dem Betätigen der ENTER-Taste ist der Vergleich damit hergestellt. Ist nun die gleiche Personalnummer mit der organisatorischen Zuordnung vorhanden taucht diese in der Zelle auf. Im anderen Falle zeigt die Zelle die Information „#NV" für nicht verknüpft an.

Fachglossar zu HR-Kennzahlen

In HR-Analysen, Controlling und Kennzahlen werden oft Begriffe verwendet, unter denen man Unterschiedliches versteht oder deren Bedeutung nicht klar ist. Dies kann zu gravierenden Missverständnissen, falschen Berechnungsweisen und Interpretationsfehlern führen. Deshalb haben wir nachfolgend die nach unserem Dafürhalten wichtigsten Begriffe sowohl des Human Resource Managements im Allgemeinen wie auch des Personalcontrollings im Besonderen zusammengetragen, die Klarheit zu Definition und Bedeutung schaffen sollen.

Abmahnung

Eine Abmahnung, die im Wiederholungsfalle eine Kündigungsandrohung zur Folge hat, ist die Verwarnung eine Vorstufe, bzw. weniger schwere Form der Kritik. Begrifflich gesehen wird auch oft von einer Ermahnung oder einem Verweis gesprochen. Ist es die Absicht des Arbeitgebers, kündigungsrechtliche Konsequenzen im Wiederholungsfalle vorzubehalten, dann muss er dies dem Arbeitnehmer klar zum Ausdruck bringen. Dabei ist besonders der Inhalt und der Konkretisierungsgrad der Kritik von Bedeutung. Entscheidend, ob eine Abmahnung oder eine Verwarnung vorliegt, ist also, ob im Wiederholungsfall eine Kündigung angedroht wird oder nicht.

Altersstruktur

Die Aufteilung der Mitarbeiter in verschiedene Altersgruppen ist für die Analyse und Prognose des Personalbestandes und die Personalbedarfsermittlung von Vorteil. Die Altersstatistik dient dabei einerseits der Ermittlung von Abgängen aus Altersgründen und andererseits der Entwicklung und Analyse der betrieblichen Altersstruktur. Die Altersstruktur sollte ein möglichst ausgewogenes Verhältnis zwischen älteren und jüngeren Arbeitnehmern aufweisen, hängt aber stark von den Besonderheiten einer Branche und weiterer Faktoren ab. Eine ausgewogene Altersstruktur beeinflusst ferner zusätzlich die Personalkosten und die Produktivität eines Unternehmens.

Arbeitsbewertung

Mit der Arbeitsbewertung sollen die Schwierigkeiten der einzelnen Arbeitsplätze oder Arbeitsabläufe erfasst und gemessen werden. Massstab für die Bewertung ist nicht der Arbeitsumfang, der zur Erreichung eines bestimmten Arbeitsergebnisses erforderlich ist, sondern der Arbeitsinhalt, die Arbeitsschwierigkeit und die Arbeitsanforderungen. Die persönliche Leistung des Arbeitnehmers wird nicht berücksichtigt. Danach sollen Mitarbeiter, die an Arbeitsplätzen mit höheren Anforderungen beschäftigt sind, besser entlohnt werden als die Mitarbeiter an Arbeitsplätzen mit geringeren Anforderungen. Hierzu ist es notwendig, den Mitarbeiter zu beobachten oder ihn selbst seine Tätigkeiten aufgliedern zu lassen,

Arbeitsmoral

Unter Arbeitmoral versteht man die Psychisch und gesellschaftlich beeinflusste Einstellung und Haltung von Mitarbeitern gegenüber Arbeit und ihrem Stellenwert. Die Arbeitsmoral schlägt sich im konkreten Arbeitsverhalten, insbesondere z.b. im verantwortungsvollen Umgang mit Arbeits- und Betriebsmitteln, in der Arbeitssorgfalt, im Verhalten gegenüber Kollegen und Mitarbeitern nieder. Ein positives Arbeitsverhalten liegt gewöhnlich auch einer guten Arbeitsmoral zugrunde.

Arbeitsproduktivität

Die Arbeitsproduktivität wird als eine Schlüsselgrösse für die Wettbewerbsfähigkeit und Qualität einer Volkswirtschaft betrachtet. Als volkswirtschaftliche Grösse ist die Arbeitsproduktivität ein Indikator, wie gross der produktive Beitrag von Beschäftigten ist. Ein Anstieg der Arbeitsproduktivität bedeutet, dass sich die Wertschöpfung in Bezug auf den Arbeitseinsatz erhöht hat bzw. das angestrebte Produktionsergebnis mit einer geringeren Menge von Arbeitsstunden erreicht wird.

Arbeitszeitflexibilisierung

Hierunter versteht man die flexible Arbeitszeitgestaltung mit veränderlicher Dauer und Lage. Die bekanntesten Formen der Arbeitszeitflexibilisierung sind die Gleitzeit und Teilzeitarbeit. Bei der Einführung flexibler Arbeitszeiten ist zu berücksichtigen: a) Zeiteinteilung b) Trennung von Betriebs- und Arbeitszeit c) Trennung von Entgelt und Arbeitszeit d) Ausgleich der Überstunden e) Verbesserung der Produktivität von Anlagen. Als innovativ gelten Arbeitszeitflexibilisierungen, die mehrere Merkmale miteinander verbinden wie Gleitzeit, → Job-Sharing, Telearbeit, Teilzeit à la carte, Gleitender Ruhestand. Vorteile: a) Schaffung neuer Arbeitsplätze b) Verlängerung der Öffnungszeiten c) Steigerung der Mitarbeitermotivation d) bessere Leistungsbedingungen e) bessere Auslastung der Anlagen f) kundengerechtere Serviceleistungen.

Arbeitszeitkonten

Dies ist eines von zahlreichen möglichen Arbeitszeitmodellen. Arbeitszeitkonten ersetzen das traditionelle und starre Muster der gleichmässig über die Arbeitswoche verteilten Vertragsarbeitszeit und eröffnen sowohl Arbeitnehmern als auch Arbeitgebern die Möglichkeit, die individuelle Arbeitszeit flexibel zu gestalten. Auf einem persönlichen Zeitkonto des Mitarbeiters werden tagesbezogene Abweichungen zwischen der vereinbarten und der tatsächlich geleisteten Arbeitszeit saldiert.

Arbeitszeitmodelle

Die Arbeitszeit ist die Zeit vom Beginn bis zum Ende der Arbeit, ohne die Ruhepausen. Ihre Gestaltung ist neben der Festlegung des Arbeitsinhaltes und des Arbeitsortes eine wichtige Säule des Personaleinsatzes. In den letzten Jahren ist eine zunehmende Flexibilisierung und Individualisierung der Arbeitszeit festzustellen, die sich aus zwei Gründen weiter fortsetzen wird:

1) Die Flexibilisierung der Arbeitszeit sichert und fördert die Wettbewerbsfähigkeit von Unternehmen. Produktionsschwankungen werden einfacher ausgeglichen und die Produktivität unterstützt. 2) Die Mitarbeiter erwarten immer mehr, dass die Unternehmen ihnen flexible und individuelle Arbeitszeiten einräumen.

Arbeitszufriedenheit

Arbeitszufriedenheit entsteht zur Hauptsache aus der Bewertung und Einschätzung der Arbeitsqualität und der subjektiv empfundenen Arbeitsbedingungen. Arbeitszufriedenheit richtet sich nach verschiedenen Kriterien wie Familienverhältnissen, Lebensalter, Bedürfnisprioritäten, Motivation und der wirtschaftlichen Konjunktur. Informationen hierzu lassen sich aus Mitarbeiterbefragungen oder Mitarbeitergesprächen gewinnen, sind subjektiv und sollten sensibel interpretiert werden.

Ausserordentliche Kündigung

Eine ausserordentliche Kündigung ist eine Kündigung, die das Arbeitsverhältnis vorzeitig und ohne Beachtung der sonst geltenden Kündigungsfristen beendet. Sie ist in der Regel fristlos, muss es aber nicht sein, weil der Kündigende auch bei einer ausserordentlichen Kündigung eine gewisse Frist einräumen kann, worauf er aber besonders hinweisen muss, um den Eindruck zu vermeiden, es handele sich um eine ordentliche Kündigung.

Balanced Scorecard

Die Balanced Scorecard (BSC) ist grundsätzlich ein innovatives Instrument zur Strategieentwicklung im Unternehmen im Allgemeinen und im Personalmanagement im Besonderen. Dahinter steht die

Idee, mit einem ganzheitlichen Steuerungssystem über Kennziffern und Zahlenlogik die Unternehmensentwicklung in allen Facetten und Beurteilungsweisen, also nicht nur den finanziellen, analysieren und steuern zu können. Personal- und Organisationsentwicklung stehen daher gleichermassen im Blickpunkt dieses Ansatzes. Besonders wichtig dabei ist, dass im Rahmen der Balanced Scorecard explizit unterschieden wird zwischen Kennzahlen, die vergangene Leistungen beschreiben (Spätindikatoren) und solchen, die vor riskanten Entwicklungen in der Zukunft warnen (Frühindikatoren).

Für die BSC im Personalmanagement werden im Allgemeinen folgende wesentliche Aspekte berücksichtigt: Personalauswahl und -einsatz, Entwicklung einer Unternehmens- und Feedbackkultur, Führungsqualität und Mitarbeiterengagement, spezielle Instrumente des Personalmanagements, Mitarbeiterbeurteilung, Mitarbeitergespräch, Zielvereinbarung, Potenzialanalyse, Nachwuchs-, Team- und Organisationsentwicklung. Die Anwendung der Balanced Scorecard gibt neue Impulse für ein effektiveres Personalmanagement und trägt durch gezielten Einsatz zu einer Verbesserung der lernenden Organisation und zum Unternehmenserfolg bei.

Bedürfnispyramide

Nach Maslow sind menschliche Bedürfnisse hierarchisch angeordnet. Ist ein Bedarf erfüllt, wird das nächst höhere Bedürfnis relevant. Diese Bedürfnisse sind: Physiologische Bedürfnisse (z.B. Nahrung, Schlaf), Sicherheitsbedürfnisse, Zugehörigkeitsbedürfnisse, Bedürfnis nach Wertschöpfung und schliesslich nach Selbstverwirklichung. Die Arbeitsgestaltung sollte die Entwicklung der Mitarbeiterbedürfnisse berücksichtigen, um Zufriedenheit, Ausgeglichenheit, Produktivität und Lebensqualität zu garantieren.

Benchmarking

Benchmarking zielt im Kern darauf, "Bestpractises" zu ermitteln, das heisst, die Praktiken, Herangehensweisen, Methoden und Abläufe herauszubekommen, die den guten Ergebnissen anderer zugrunde liegen. Es geht also darum, von den anderen zu lernen, wie man es anders und besser machen kann. Grundsätzlich können Sie alle Aspekte im Unternehmen einem Benchmarking unterziehen. So können Sie beispielsweise Produkte, Abläufe, Strukturen oder Aspekte wie Produktivität und Effizienz zum Gegenstand eines Benchmarking machen. Selbst weiche Faktoren wie Unternehmenskultur, Führungsstil, Innovationsklima, Kundenzufriedenheit etc. können thematisiert werden.

Benchmarkingarten

Im Benchmarking werden drei Varianten unterschieden: *Internes Benchmarking:* Der Vergleichspartner wird hier im eigenen Unternehmen gesucht. Dies bietet sich insbesondere dann an, wenn Sie in einem Grossunternehmen mit mehreren Niederlassungen, Filialen oder Produktionsstätten arbeiten. *Konkurrenzbezogenes Benchmarking*: Hier findet der Vergleich mit dem direkten Konkurrenten oder mehreren erfolgreichen Unternehmen der eigenen Branche statt. *Branchenexternes Benchmarking*: Bei dieser Form des Benchmarking wird der Vergleich mit den Besten bezüglich einer bestimmten Funktion gesucht; beispielsweise werden Firmen aus einer Branche gewählt, die eine hohe Professionalität bezüglich des Benchmarking-Gegenstandes aufweisen müssen, weil dies eine Kernaktivität in dieser Branche darstellt.

Best Practice

Hierunter versteht man vorbildliche und nachahmenswerte Fallbeispiele aus der Praxis erfolgreicher Unternehmen, die oft das Resultat eines Benchmarks sein können. Sie stellen oftmals eine optimale methodische Praxislösung oder ein Prozess dar. Hierzu werden auf dem Markt angebotene Produkte oder Dienstleistungen nach einheitlichen Kriterien miteinander verglichen. Best Practice muss nicht unbedingt von einem Wettbewerber stammen, es können auch branchenübergreifende Benchmarking-Prozesse sein, die den grössten Fortschritt bewirken.

Beurteilungsgespräch

Sinn und Zweck des Beurteilungsgesprächs ist eine für beide Seiten wichtige Standortbestimmung und der offene Dialog zwischen Vorgesetzten und Mitarbeitern über Zusammenarbeit, Ziele und Massnahmen für die Zukunft. Beurteilungsgespräche, auch Qualifikations- oder Mitarbeitergespräche genannt, finden in vielen Unternehmen jährlich statt und dienen einer beruflichen Standortbestimmung. Grundlage kann dabei ein Beurteilungs- bzw. Qualifikationssystem oder ein Beurteilungs-Fragebogen sein. Das Beurteilungsgespräch soll den Mitarbeiter konkret informieren, wie der Vorgesetzte den Mitarbeiter fachlich, persönlich und leistungsmässig beurteilt und welche Stärken und Schwächen vorhanden sind. Es gehört zu den Aufgaben eines Beurteilungsgespräches, auch heikle und persönliche Probleme anzugehen und das Vertrauensverhältnis zum Thema zu machen. Nach dem Beurteilungsgespräch sollte der Vorgesetze das Gespräch nochmals zusammenfassen und dabei vom Mitarbeiter Feedback einholen, ob die zentralen Punkte korrekt verstanden und interpretiert wurden. Beurteilungsgespräche können auch Zielvereinbarungen enthalten oder Weiterbildungs- und Fördermassnahmen bewirken. Auf jeden Fall empfehlenswert sind Protokolle oder Massnahmen-Kataloge, damit Beurteilungsgespräche auch einen verpflichtenden Charakter bekommen.

Burnout-Syndrom

Im Allgemeinen wird darunter Stress am Arbeitsplatz verstanden. Folgen sind u.a. emotionale Erschöpfung und das Gefühl, permanent weniger zu leisten. Dies hat Auswirkungen auf das Verhalten: Reizbarkeit, nachlassende soziale Kontakte, innere Kündigung und psychosomatische Beschwerden. Diese Reaktionen können auch bei fehlendem beruflichem Erfolg auftreten oder wenn Anerkennung, Motivation und Arbeitszufriedenheit vermisst werden.

Bildungscontrolling

Controlling von Bildungsaktivitäten, insbesondere von betrieblicher Aus- oder Weiterbildung mit dem Ziel, Planung, Durchführung und Kontrolle der Bildungsaktivitäten durch kontinuierliche Informationen zu unterstützen, diese aufzubereiten und Empfehlungen zu geben. Es unterstützt damit die Personalentwicklung und das Personalmanagement auf systematische und zielorientierte Weise.

Business Intelligence

Business Intelligence zielt auf einen integrierten Gesamtansatz für Strategien, Prozesse und Technologien ab. Er soll es ermöglichen und vereinfachen, aus verteilten und heterogenen Unternehmens-, Markt- und Wettbewerberdaten erfolgskritisches Wissen für Entscheidungsträger nutzbar zu machen. Vereinfacht können BI-Systeme daher auch als Applikationen gesehen werden, die Anwendern helfen, bessere Entscheidungen zu treffen.

Dreihundertsechzig Grad-Beurteilung

Die umfassendste Form der Personalbeurteilung. Insbesondere das Leistungsverhalten der Führungskräfte soll aus unterschiedlichen Perspektiven (Vorgesetzte, Kollegen, Mitarbeiter, Kunden) eingeschätzt werden. Die systematische Interpretation dieser Bewertungsinformationen soll ein umfassendes individuelles Feedback und eine damit verbundene Verhaltenssteuerung ermöglichen.

Emotionale Intelligenz (EI)

Unter EI versteht man Qualitäten wie das Bewusstsein und die Kontrolle der eigenen Gefühle, Einfühlungsvermögen in andere Menschen und die Fähigkeit, Emotionen so zu steuern, dass sich die Lebensqualität und Leistung und Verhalten im betrieblichen Leben verbessern. Emotionale Intelligenz basiert auf den fünf Elementen: *Selbstwahrnehmung, Motivation, Selbstregulierung, Empathie und soziale Fähigkeiten.* Von der emotionalen Intelligenz zu unterscheiden ist die emotionale Kompetenz. Ähnlich wie fachliche Kompetenz im Laufe des Lebens erlernt werden muss, ist emotionale Kompetenz dem Menschen ebenfalls nicht von Natur aus gegeben. So, wie der IQ die Basis für fachliche Kompetenz bildet, stellt die EI die Grundlage für die emotionale Kompetenz dar. Die Emotionale ist daher, wie die fachliche auch, erlernbar, kann diese aber nicht ersetzen.

Empathie

Hierunter versteht man Einfühlungsvermögen bzw. die Fähigkeit, sich in andere hineinzuversetzen. In einem weiteren Sinne versteht man darunter auch die Fähigkeit, auf andere Werthaltungen und Normen einzugehen, sie in die Person zu integrieren und neue soziale Rollen annehmen zu können. In einer sich schnell verändernden Gesellschaft ist Empathie eine wichtige Eigenschaft, um die Veränderungen mitzubestimmen und mitzutragen. Diese Fähigkeit spielt auch beim Coaching, bei der Mitarbeiterführung generell und bei Bewerberinterviews eine bedeutende Rolle.

Erfolgsbeteiligung

Unter Erfolgsbeteiligung versteht man die Beteiligung am gemeinsamen Erfolg einer Gruppe, Abteilung oder des gesamten Unternehmens. Die Erfolgsbeteiligung kann sich auf alle Mitarbeiter des Unternehmens beziehen oder nur auf Mitarbeitergruppen wie z.B. Kaderleute oder bestimmte Abteilungen. Entscheidend hierfür ist die Zielsetzung, die das Unternehmen mit der Erfolgsbeteiligung verbindet. Im Zentrum stehen Zielerreichungen, wie zum Beispiel Produktqualität, Innovation, Kostenbewusstsein. Grundsätzlich kann man drei Arten der Mitarbeiterbeteiligung unterscheiden: a) die reine Erfolgsbeteiligung b) die reine Kapitalbeteiligung - die laboristische Kapitalbeteiligung und c) eine kombinierte Form dieser beiden Möglichkeiten.

Feedback

Feedback bedeutet "Rückmeldung". Es gibt u.a. Menschen die Möglichkeit, Selbst- und Fremdbild miteinander zu vergleichen und dadurch zu erfahren, wie sie mit ihrem Verhalten tatsächlich auf andere wirken. Feedback ist nur dann konstruktiv, wenn es hilfreich ist. Deshalb sollte es folgende Eigenschaften aufweisen: beschreibend (nicht bewertend), konkret (nicht verallgemeinernd), realistisch (nicht utopisch), unmittelbar (nicht verspätet) und erwünscht (nicht aufgedrängt).

Feedbackgespräche

Feedbackgespräche sind ausdrückliche, absichtliche und einfühlsame verbale Mitteilungen darüber, wie das Verhalten eines Gesprächspartners wahrgenommen wird. Erforderlich ist dafür die kritische Auseinandersetzung mit dem eigenen Verhalten. Dies ist zum Beispiel bei heiklen Mitarbeitergesprächen oder bei Bewerberinterviews eine wichtige Methodik der Gesprächsführung.

Fehlzeitengespräch

Fehlzeitengespräche haben den Zweck, in Erfahrung zu bringen, ob neben einer Erkrankung evtl. auch andere, betriebsbedingte Einflüsse wie schlechtes Arbeitsklima, fehlende Anerkennung der Arbeitsleistungen, Unterforderung oder ein gestörtes Vertrauensverhältnis die Gründe sein können. Es sollte unmittelbar nach Rückkehr des Mitarbeiters in einer konstruktiven und auf Vertrauen basierender Weise vorgenommen werden. Professionell geführte und systematisch von der Personalabteilung und den Vorgesetzten ausgewertete Fehlzeitengespräche können wichtige Hinweise auf Motivationsprobleme oder andere betriebliche Schwachstellen betreffend Mitarbeiterführung oder Betriebsklima geben. Erfahrungen aus der Praxis belegen, dass mit Fehlzeitengesprächen und systematischen Analysen vor allem motivationsbedingte Fehlzeiten nachhaltig und stark reduziert werden können. Langfristig sind allerdings Massnahmen mit Breitenwirkung zur gezielten Problemlösung notwendig, wie zum Beispiel Steigerung der Führungsqualifikation oder Verbesserungen in der Arbeitsplatzgestaltung.

Fluktuationsquote

Die gemessene Fluktuationsquote ist ein wichtiger Indikator für die Arbeitszufriedenheit und das Unternehmensklima. Die Fluktuation kann und soll insbesondere in grösseren Betrieben differenziert für verschiedene Verantwortungsbereiche, Personalkategorien, Altersgruppen, Länge der Betriebszugehörigkeit, Geschlecht usw. ermittelt werden, um Vergleichsmöglichkeiten zu erhalten. Zudem ist die Fluktuation periodisch zu erheben, um auf der Zeitachse Veränderungen beobachten zu können. Die Interpretation ist allerdings vorsichtig genug vorzunehmen und Unterschiede im Fluktuationsrisiko in die Überlegungen einzubeziehen (z.B. unterschiedliches

Lebensalter oder natürliche Schwankungen insbesondere bei kleineren Gruppierungen). Um die Entwicklung der Fluktuation im Unternehmen darzustellen, kann man folgende Formel nutzen: Fluktuation = Abgänge im Zeitraum X 100 / durchschnittlicher Personalbestand im Zeitraum.

Freisetzung

Hierunter werden die Aktivitäten zur Trennung von einem Mitarbeiter, entweder durch Entlassung oder durch Unterstützung seines Weggangs in ein neues Arbeitsverhältnis, eine selbständige Tätigkeit oder die vorzeitige Pensionierung zusammengefasst.

Freistellung

Bei dieser vor allem Führungskräfte betreffenden Form der vorzeitigen Beendigung eines Arbeitsverhältnisses verzichtet der Arbeitgeber ausdrücklich und einseitig auf eine weitergehende Arbeitsleistung eines Arbeitnehmers. Freistellungen werden in der Praxis oft sehr überraschend und ohne Vorinformation vorgenommen. Im Rahmen des Persönlichkeitsschutzes ist es aber Pflicht des Arbeitgebers, eine unnötig entwürdigende Herabsetzung und Verletzung der Persönlichkeit des Arbeitnehmers zu vermeiden. Für das Arbeitszeugnis ist der Zeitpunkt der Beendigung des Arbeitsverhältnisses wichtig, in dem das Arbeitsverhältnis rechtlich beendet wurde. Von diesem Standpunkt aus gesehen ist eine Freistellung also im Arbeitszeugnis nicht unbedingt zu erwähnen.

Führungseigenschaften

Sie beschreiben Wesenszüge, die es ermöglichen, Führungspositionen erfolgreich wahrzunehmen. Wichtige Führungsmerkmale und Bedingungen sind: Besonderes Engagement für die Arbeit und das Unternehmen, Intelligenz und Klarheit des Denkens, überdurchschnittliche Kommunikationsfähigkeiten, hohe Belastbarkeit, innere Zufriedenheit und Ausgeglichenheit, positive Einstellung und Grundhaltung und Konzentration auf "doing the right things". Weitere Kriterien können beispielsweise sein: Beharrlichkeit, Anpassungsfähigkeit, Urteilsfähigkeit, Selbstbeherrschung, Kreativität, Überzeugungskraft, Verantwortungsbewusstsein, Durchsetzungsvermögen und Eigeninitiative. Auch Personen mit anderen Eigenschaften und Persönlichkeitsmerkmalen – z.B. aufgrund ihres Menschenbildes oder einer ausgeprägten Motivation – können auf ihre Weise oft ebenso erfolgreich sein.

Führungsgrundsätze

Führungsgrundsätze sind Vorgaben, an die sich die Unternehmensführung und leitende Angestellte halten sollen. Je nach Führungsstil werden die Grundsätze erarbeitet. Als sinnvoll hat sich in den letzten Jahren erwiesen, dies zusammen mit allen Mitarbeitern durchzuführen. Führungsgrundsätze bieten die Grundlage für die Gesamtbeurteilung der Führungskräfte auf allen Ebenen hinsichtlich der Erfüllung ihrer Führungsaufgaben. Fehlen sie, so können weder Mitarbeiter, Teams noch die Führungskräfte für Verstösse gegen die Verhaltensrichtlinien verantwortlich gemacht werden.

Führungsstilanalyse

Die Führungsstilanalyse hat zum Zweck, herauszufinden, wie der Führungsstil der Vorgesetzten von Mitarbeitern beurteilt und wahrgenommen wird, wie er sich auf das Arbeitsklima, die Motivation und die Leistung auswirkt. Diese Analysen sollten keine punktuellen Massnahmen sein, sondern sich systematisch in Mitarbeiterbefragungen oder Vorgesetztenbeurteilungen zur Sprache kommen. Die Führungsstilanalyse kann ein wichtiger Gradmesser der Führungsfähigkeiten der Vorgesetzten sein und wichtige Hinweise zu Weiterbildungsmassnahmen für Führungskräfte geben.

Führungstest

Ein Führungstest ermittelt die notwendigen Informationen auf wissenschaftlicher Grundlage. Als Ergebnis werden in einem umfangreichen, persönlichen Gutachten Ansatzpunkte für entsprechende Verhaltensänderungen aufgezeigt. So kann der berufliche Erfolg durch einen weiterentwickelten Führungsstil optimiert oder bei der Personalsuche geprüft werden.

Gleitender Ruhestand

Modelle des gleitenden Ruhestandes gehören zum Bereich der Arbeitszeitflexibilisierung und berücksichtigen in erster Linie ältere Mitarbeiter, die mittelfristig in den Ruhestand treten wollen. Praktisch wird unter gleitendem Ruhestand immer eine vorzeitige Pensionierung verstanden. Es kann aber älteren Mitarbeitern ebenso die Möglichkeit geboten werden, über das 65. Lebensjahr hinaus unter Abbau der Tages-, Wochen oder Monatsarbeitszeit noch erwerbstätig zu sein.

Gruppendynamik

Hierunter wird der Antrieb oder die Kraft verstanden, die durch die Interaktion und Veränderungen innerhalb von sozialen Gruppen verursacht wird. Mit dem Ziel Verhaltensänderungen zu bewirken, wird Gruppendynamik im Fortbildungsbereich in Form von Trainingsverfahren eingesetzt zur Bewusstmachung von Problembereichen. In der Jugend- und Erwachsenenbildung wird Gruppendynamik als Sammelbegriff für Fertigkeiten und Methoden verwendet, die zu einer verbesserten Fremd- und Selbstwahrnehmung beitragen.

High Potentials

Bezeichnung für sehr begabte und hochqualifizierte Mitarbeiter oder Bewerber, die sich vor allem durch Leistung, gutes Sozialverhalten und Engagement auszeichnen, sog. Überflieger, die für Spitzenpositionen in Unternehmen vorgesehen sind.

Human Ressource Scorecard

Die BSC ist ein Kennzahlensystem, das speziell auf die Bedürfnisse des Personalmanagements zugeschnitten ist. Das HR-Management benötigt dafür eine eigenständige Strategie und die Möglichkeit der Erarbeitung von strategischen Kennzahlen. Die Zielsetzung bei der Entwicklung und Integration einer HR-Scorecard ist, die Aktivitäten der Personalabteilung im Unternehmen besser planbar und messbar zu machen. Das erleichtert das Management des HR-Bereiches, da so die Grundlagen für die Messbarkeit gegeben sind.

Humanvermögensrechnung

Mit der Humanvermögensrechnung werden die Mitarbeiter als Vermögen und ausdrücklicher Wert des Unternehmens berücksichtigt, um den Wert des Mitarbeiters und der Arbeitskraft als Ganzes für das Unternehmen einschätzen zu können. Ein viel diskutierter Ansatz ist dabei die Sozialbilanz, die sich aber in der Schweizer Betriebspraxis noch nicht durchgesetzt hat.

Human Ressource Due Diligence

Mit dem Human Ressource Due Diligence können Chancen und Personalrisiken erkannt und analysiert werden, damit die entsprechenden Massnahmen ergriffen werden können.

Incentives

Incentives sind besondere materielle oder immaterielle Belohnungen und Anreize für besondere Leistungen, die die Motivation und Bindung des Mitarbeiters an das Unternehmen erhöhen und stärken sollen. Meistens beruhen die Incentives auf firmenspezifischen, produktbezogenen und zeitlich befristeten Wettbewerben und werden vor allem im Verkauf eingesetzt. Als Prämientypen kann man unterscheiden: a) Geldprämien b) Sachprämien wie Firmenwagen, Reisen oder Sprachaufenthalte c) Statusprämien wie eine ehrenvolle statusfördernde Auszeichnung und Ehren wie Verleihung eines Senior-Titels.

Innere Kündigung

Gründe wie schlechtes Arbeitsklima, Führungsfehler, autoritäres Verhalten, unzureichende Informationen, verletzende Beurteilungsgespräche, Übergehen bei Beförderungen usw. können bei Mitarbeitern zur inneren Kündigung führen. Ein weiterer, häufiger Grund der inneren Kündigung kann auch ein bevorstehender, bereits bestätigter Arbeitsplatzwechsel sein. Die Folgen der inneren Kündigung sind gravierend und werden oft unterschätzt. Nehmen sie in einem Betrieb überhand, sind sie ein ernst zu nehmendes Alarmzeichen. Frustration, Demotivation und Resignation von Mitarbeitern mit weitgehenden Leistungseinbussen sind die Folge. Der Mitarbeiter zeigt nur noch wenig Initiative, distanziert sich von seinen Aufgaben und von den Zielen des Betriebes.

Inplacement

Die Folge von Umstrukturierungen können Personalfreisetzungen sein. Die betroffenen Arbeitnehmer werden dann bei ausreichender Qualifikation durch ein sogenanntes Inplacement weiter betreut. Diese Betreuung kann sich auf anderweitig offene Stellen beziehen. Die sich aus einem Inplacement ergebenden Vorteile für das Unternehmen sind: Betriebskenntnisse, raschere Personalauswahl, höhere Akzeptanz. Outplacement bezieht sich dagegen auf Mitarbeiter, die tatsächlich den Betrieb verlassen.

Intuitive Führung

Darunter ist ein Verhalten der Führung zu verstehen, welche anstatt auf rationale Überlegungen und Beobachtungen eher auf Führung durch Intuition setzt. Dadurch kann es zu Konflikten mit anderen Führungsmitgliedern kommen, die eher einen Führungsstil rationaler und traditioneller Art haben.

Job Enlargement

Darunter versteht man eine quantitative Tätigkeits- oder Aufgabenerweiterung. Beispiel: Ein Aussendienstverkäufer übernimmt zusätzlich Serviceaufgaben mit dem Ziel, Kundenbedürfnisse praxisorientierter zu verstehen. In der Regel werden die betroffenen Mitarbeiter durch höheren Arbeitsanfall mehr als vorher gefordert;

können sie dieser höheren Anforderung dauerhaft entsprechen, erweitern sie dadurch ihre Qualifikation.

Job Enrichment

Das Job Enrichment stellt eine Aufgabenbereicherung dar, bei der neue, qualitativ höherwertige Aufgaben den bestehenden Aufgaben hinzugefügt werden, d.h. es erfolgt eine strukturelle Änderung der Arbeitssituation. Job Enrichment zielt auf eine bessere Arbeitssituation für den Mitarbeiter und führt vielfach zu einer Höherqualifizierung des Mitarbeiters, kann aber gleichzeitig auch eine Höherqualifizierung voraussetzen.

Job Rotation

Job Rotation ist ein systematischer Arbeitswechsel oder Arbeitsplatzwechsel. Es wird häufig bei Führungskräften zur Einarbeitung praktiziert, damit diese das Unternehmen kennenlernen (Trainee). Der Arbeitsplatzwechsel erfolgt planmässig und umfasst gleichwertige oder ähnliche Aufgaben für den Mitarbeiter. Bei Facharbeitern kann es zur Erreichung von Mehrfachqualifikation dienen. Durch Job Rotation kann die Motivation des Mitarbeiters erhöht werden. Ein Nachteil ist die immer wieder notwendig werdende Einarbeitung.

Job Sharing

Die auf freiwilliger Basis und dauerhaft angelegte Teilung eines bisher mit Vollzeitpensum besetzten Arbeitsplatzes zwischen zwei oder mehreren Mitarbeitern. Die Stellenbeschreibung empfiehlt sich zur Abgrenzung der Einzelaufgaben, zur Sicherung der Kontinuität bei der Erledigung der Aufgaben, zur eindeutigen Aufgliederung der Kompetenzen sowie zur Klarstellung der Verantwortlichkeit für die Gesamtaufgaben.

Kennzahlen-Cockpit

Ein Kennzahlen-Cockpit ist die technische und softwarebasierende Umsetzung eines Kennzahlensystems in visualisierter und verdichteter Form. Die Verdichtung beinhaltet eine Quantifizierung und darauf aufbauend eine Qualifizierung von Informationen, um Informationen übersichtlicher und anschaulicher darzustellen. Häufig zu finden ist die Darstellung von Kennzahlen als Ampel-, Tachometer- oder Thermometer-Darstellung. Kennzahlen-Cockpits können als eigenständiges Informationssystem - beispielsweise im HR-Bereich - oder als Bestandteil eines Management-Informationssystems realisiert werden. Eine besondere Form des Kennzahlen-Cockpits stellen die Realisierungen einer Balanced-Scorecard zur Unternehmenssteuerung dar.

Kooperativer Führungsstil

Der kooperative Führungsstil beinhaltet im Kern die Kompetenz und Motivation in Planungs-, Entscheidungs- und Umsetzungsprozessen von Mitarbeitern. Man orientiert sich an einem partnerschaftlichen Stil der Zusammenarbeit und strebt zum Beispiel eine gemeinsame Zielerreichung an. Konkreter Ausdruck dieses Führungsstils sind oft stattfindende Mitarbeitergespräche und praktizierte Zielvereinbarungen.

Key Performance Indicator (KPI)

Dies sind einfache und verständliche Leistungsindikatoren. Die Leistung, die ein HR-Bereich erbringt, wird dabei mit einer Kennzahl gemessen und dargestellt. Dies kann ein einzelner Mitarbeiter, ein Team, eine Abteilung oder das gesamte Unternehmen sein. Die Kennzahl macht sichtbar, ob der jeweilige Bereich seinen Zweck erfüllt und in welchem Umfang er vorgegebene Ziele erreicht. Der Key Performance Indicator ist auch für Erfolgskontrollen von Innovationen oder Neueinführungen interessant

Kritikgespräch

Das Kritikgespräch ist eine Form des Mitarbeitergesprächs. Es sollte sorgfältig, objektiv, aufgrund von Fakten und mit Einfühlungsvermögen vorbereitet und durchgeführt werden, um eine demotivierende Wirkung zu vermeiden. Wichtig sind bei einem solchen Gespräch: a) entspannte Atmosphäre erzeugen b) gute Vorbereitung c) Standpunkt des Mitarbeiters einbeziehen d) konkrete und terminierte Lösungsziele vereinbaren e) Gründe für die Kritik offen und objektiv darlegen f) gemeinsam Massnahmen zur Verhinderung einer Wiederholung der zur Kritik führenden Ursache erarbeiten.

Kündigungsgründe

Häufige Gründe für das Ausscheiden von Mitarbeitern sind: Schlechtes Betriebsklima – fehlende Aufstiegsmöglichkeiten – unzureichende Verdienstmöglichkeiten schlechte Personalführung – anstrengende Arbeit – wechselnde Arbeitszeiten – weite Entfernung der Arbeitsstätte oder Schwierigkeiten mit den Kollegen. Die Gründe, die Mitarbeiter zum Ausscheiden bewegen, sind vielfältig. Sie ergeben sich entweder aus der persönlichen Sphäre der Mitarbeiter oder sind auf betriebliche Tatbestände zurückzuführen. Die Motive für das Ausscheiden von Mitarbeitern können durch ein Abschlussgespräch meistens in Erfahrung gebracht werden. Der Mitarbeiter ist jedoch nicht zur Angabe seiner Beweggründe verpflichtet und sagt vielleicht auch nicht immer die (volle) Wahrheit. Ohne ein derartiges Gespräch erfährt das Unternehmen jedoch gar nichts über die Gründe für das Ausscheiden von Mitarbeitern und damit über eventuelle Schwachpunkte innerhalb des Unternehmens.

Leistungsbeurteilung

Diese Beurteilung zeigt das von den einzelnen Mitarbeitern jeweils bei der Erfüllung ihrer Aufgaben gezeigte Verhalten und das insgesamt erbrachte Leistungsergebnis auf. Sie findet entweder periodisch wiederkehrend oder nur einmalig, jedenfalls nach einheitlichen und untereinander abgestimmten funktionsspezifischen Kriterien statt und dies in folgender Abfolge: Leistungsfeststellung, Leistungseinstufung, Leistungsbewertung und Analyse der Ursachen von Leistungsmängeln.

Management by Delegation

Darunter versteht man die Delegation und Verlagerung von Zuständigkeiten, Entscheidungskompetenzen, Aufgabenbereichen und Verantwortung an Mitarbeiter. Voraussetzung sind einerseits qualifizierte, selbständige und motivierte Mitarbeiter und andererseits Vorgesetzte, die in der Lage sind, gekonnt und motivierend zu delegieren. Von der Idee her befriedigt dieser Führungsstil wichtige Bedürfnisse der Mitarbeiter wie Selbständigkeit, Wertschätzung, Initiative und Eigenverantwortung. In der Praxis entsteht jedoch schnell die Gefahr einer Überforderung und Vorgesetzte wirken oft zusätzlich demotivierend, indem vor allem unangenehme Aufgaben oder Entscheidungen delegiert werden.

Management by Exception

Kann als Führung nach dem Ausnahmeprinzip bezeichnet werden. Die Ziele und Eigenschaften dieses Stils sind: Entlastung der Vorgesetzten von Routineaufgaben durch Delegation von Entscheidungen und Verantwortung und Erhöhung der Motivation und Leistungswillen bei den Mitarbeitern.

Management by Objectives

Dieser Führungsstil ist weit verbreitet und praxiserprobt und wird als der umfassendste und am weitesten entwickelte Lösungsansatz betrachtet. Unter Management by Objectives versteht man grundsätzlich die Führung durch Zielvereinbarung. Ziele werden dabei bei moderner Betrachtungsweise mit dem Mitarbeiter gemeinsam besprochen und festgelegt.

Managementqualitäten

Sie werden als die Schlüsselqualifikationen von Führungskräften beschrieben. Überdurchschnittlich erfolgreiche Manager zeichnen sich nicht nur durch überzeugende Fachkompetenz, sondern auch durch ein ausgereiftes Sozialverhalten aus. Zu den wichtigsten Qualitäten von Führungskräften gehören, nach neuesten Erkenntnissen der Führungspraxis, Eigenschaften wie Flexibilität, Belastbarkeit, soziale Kompetenz, Durchsetzungskraft, Selbstdisziplin, Eigeninitiative, Entschlusskraft und Selbstvertrauen.

Marktwert

Mit Marktwert wird der aktuelle Gehaltswert (Lohnwert) bezeichnet, der für einen Arbeitnehmer mit einer bestimmten Ausbildung, einer gegebenen Berufserfahrung und Qualifikationen auf dem Arbeitsmarkt bezahlt wird.

Mindmapping

Mindmapping ist eine Visualisierte Kreativitätsmethode, in der Ideen, Projekte, Pläne, Vorhaben mit optischen Symbolen verzweigt und im Zusammenhang aufgezeichnet werden. Der Gegenstand der Aufmerksamkeit kristallisiert sich in einem Zentralbild, die Hauptthemen des Gegenstands strahlen vom Zentralbild wie Äste mit Schlüsselbildern aus.

Mitarbeiterbefragung

Die Mitarbeiterbefragung ist ein wichtiges und kontinuierlich einzusetzendes Instrument der innerbetrieblichen Meinungsumfrage im Sinne eines modernen Personalmarketings, um Einstellungen, Arbeitsklima und Erwartungen systematisch und objektiv in Erfahrung zu bringen. Dabei können der gesamte Betrieb oder auch nur bestimmte Abteilungen anonym befragt werden. Mit Hilfe des Intranets können Mitarbeiterbefragungen besonders schnell, flexibel und kostengünstig durchgeführt werden. Der wesentliche Vorteil ist allerdings ein Motivationsaspekt und die Möglichkeit, Arbeitnehmer in Entscheidungen und Projekte einzubeziehen. Befragungspunkte können sein: a) Zusammenarbeit Kollegen/Vorgesetzte b) Arbeitsbedingungen c) Mängel in betrieblichen Leistungen d) Arbeitszeiten und Arbeitszeitenflexibilisierung e) Fragen zur Personalentwicklung generell.

Mitarbeiterbeteiligung

Neben der rein monetären Mitarbeiterbeteiligung kommt der Beteiligung der Mitarbeiter an Unternehmensentscheidungen immer grössere Bedeutung zu. Die Leistungsbereitschaft und Identifikation der Mitarbeiter mit dem Betrieb wird um so höher sein, je grösser ihr Verantwortungsbereich und die Möglichkeit der Einflussnahme auf das betriebliche Geschehen ist. Wer nur als Befehlsempfänger betrachtet wird, wird kaum Eigeninitiative und Verantwortungsbewusstsein entwickeln. Gefragt ist heute die unternehmerische Einstellung und das mitverantwortliche Handeln eines jeden einzelnen Mitarbeiters.

Mitarbeiterbeurteilung

Die Mitarbeiterbeurteilung gehört zu den wichtigsten Führungs- und Förderungsinstrumenten eines modernen und mitarbeiterorientierten Unternehmens. Mit der ganzheitlichen Beobachtung, Erfassung und Analyse von Leistungen, Eignungen, Talenten und Entwicklungspotential der Mitarbeiter werden Informationen bezüglich Mitarbeitereinsatz, Stärken und Schwächen, angemessene Massnahmen der Fort- und Weiterbildung, der Personalentwicklung sowie einer leistungsgerechten Vergütung gewonnen.

Dies führt dazu, dass die Mitarbeiterbeurteilung auch ein geeignetes Instrument zum objektiv messbaren Leistungsvergleich ist, z.B. zwischen einzelnen Ressorts, Betrieben oder Abteilungen, für die Förderung besonders qualifizierter Mitarbeiter und für die Erstellung von Arbeitszeugnissen. Eine regelmässige und professionell durchgeführte Mitarbeiterbeurteilung dient auch dem Mitarbeiter als Standortbestimmung und Gewissheit, dass das Unternehmen an seinen Leistungen interessiert ist.

Mitarbeiterbindung

Hierzu zählen Massnahmen eines Unternehmens, seine Mitarbeiter möglichst lange zu halten bzw. an das Unternehmen zu binden und damit die Fluktuation zu senken. Ein zentrales Instrument dafür ist die Personalentwicklung. Bindende Elemente sind: a) Team b) Freiräume c) Vorgesetzte und Führungsstil d) Entlohnung e) Unternehmenskultur f) Entwicklungsmöglichkeiten g) Arbeitsqualität.

Mitarbeitereinführung

Genauso wichtig wie die Personalauswahl ist nach dem Entscheid eine systematische und geplante Einführung und Einarbeitung neuer Mitarbeiter. In grösseren Betrieben übernimmt die Einarbeitung in der Regel der unmittelbare Vorgesetzte und die Personalabteilung in den nichtfachlichen Belangen. In Klein- und Mittelbetrieben hingegen wird diese Aufgabe oft in Personalunion vom Vorgesetzten übernommen. Folgende Aspekte sollten zum Beispiel bei der Einführung von Mitarbeitern beachtet werden: a) sehr gute Betreuung b) Informationsunterlagen und Leitfäden c) klare Zielsetzungen und Probezeitgespräche d) in sich abgeschlossene Aufgabenblöcke mit Erfolgserlebnis und –kontrolle e) Herstellung des gesamtbetrieblichen Zusammenhanges.

Mitarbeiterführung

Eine an Unternehmenszielen und daraus abgeleiteten Aufgabenstellungen sowie an Mitarbeiterqualifikation und –bedürfnissen ausgerichtete Steuerung und Beeinflussung des Mitarbeiterverhaltens. Dieser Prozess findet jeweils zwischen Vorgesetzten, also auf der Führungsebene, und zwischen Mitarbeitern, und damit auch auf der Ausführungsebene, statt. Kernelemente sind zum Beispiel individuelle Führungsfähigkeiten und -qualifikationen, ein unternehmensweit deklarierter und praktizierter Führungsstil und die glaubwürdige Vorbildrolle der Vorgesetzten und der Unternehmensführung aufgrund ihres praktischen Verhaltens. Die Bedeutung optimaler Mitarbeiterführung für die Leistungsbereitschaft und Produktivität der Mitarbeiter wird mit steigenden Ansprüchen und Anforderungen von Mitarbeiter und Unternehmen immer grösser.

Mitarbeitergespräch

Mitarbeiter- oder Beurteilungsgespräche sind ein wichtiges Führungs- und Kommunikationsinstrument. Zielvereinbarung, Anerkennung und Kritik, Qualifikation, Beziehung Führungskraft und Mitarbeiter, Arbeitsleistung sowie Beförderung und Weiterbildung sind die wesentlichen Bestandteile des Mitarbeitergesprächs. Diese Gespräche können institutionalisiert sein (Jahresend-Leistungs- oder Qualifikationsgespräche) oder nach Bedarf (Kritikgespräch, Standortbestimmung in einem Projekt) geführt werden. Ziele können sein: Information, Beratung, Problemlösung oder Entscheidungsfindung.

Mobbing

Mobbing (aus dem Englischen "to mob" = anpöbeln, schikanieren) bedeutet, dass eine Person oder eine Gruppe am Arbeitsplatz von gleichgestellten, vorgesetzten oder untergebenen Mitarbeitenden schikaniert, belästigt, beleidigt, ausgegrenzt oder mit kränkenden Arbeitsaufgaben bedacht wird. Bei allgemeiner Unzufriedenheit der Mitarbeiter tritt Mobbing häufiger auf. Eine aufgeschlossene Unternehmens- und Kommunikationskultur, offenes Führungsverhalten auf allen Hierarchieebenen, ein die Mitarbeiter respektierendes Arbeitsklima, nicht zu stark auf Konkurrenz angelegte Leistungsmessformen und mehr sind Mittel und Voraussetzungen gegen das Mobbing.

Motivationsgespräche

Der Erfolg einer Führungskraft hängt nicht zuletzt von den Leistungen seiner Mitarbeiter ab. Deren Bereitschaft, ihre Pflichten zu erfüllen oder sich sogar darüber hinaus für das Unternehmen zu engagieren, lässt sich durch faire und auf der Basis des Respekts und ehrlicher Anerkennung geführte Motivationsgespräche steigern. Sie ermutigen Mitarbeiter, gestellte Aufgaben konsequent zu verfolgen und auch in belastenden Situationen nicht zu kapitulieren.

Motivationspsychologie

Der Motivationsprozess ist ein Führungsprozess zur positiven Beeinflussung von Mitarbeitern in deren und im Interesse des Unternehmens. Die persönlichen und betrieblichen Bedürfnisse der Mitarbeiter werden dabei mit Hilfe von Anreizen gefördert, um eine höhere Arbeitsbereitschaft und bessere Arbeitsergebnisse zu erzielen.

Je nach Persönlichkeit ist ein Mitarbeiter mehr oder weniger motivierbar. Merkmale gut motivierbarer Mitarbeiter sind a) Menschen mit reger Fantasie b) Menschen mit guter Selbsteinschätzung c) Menschen, die auf Anpassung an das soziale Umfeld bedacht sind d) ambitiöse zielorientierte Mitarbeiter und e) sensible und identifikationsfähige Mitarbeiter. Interessant ist die provokative These von Sprenger, dass zahlreiche Motivations- Massnahmen, sogenannte "Bestechungen", ohne oder nur von kurzfristiger Wirkung seien.

Motivatoren

Ein Fachbegriff aus der Zweifaktorentheorie von Herzberg: Motivatoren wie Leistung, Anerkennung und Selbstverwirklichung können zur Motivation und zu einem Leistungsansporn der Mitarbeiter führen. Während Hygienefaktoren eher zum Abbau von Unzufriedenheit beitragen.

Newplacement

Hierunter wird der Wechsel von einem Beruf in einen anderen, neuen Beruf verstanden. Dafür kann es viele Gründe geben: unsichere Zukunftsaussichten durch technologische Entwicklungen im erlernten Beruf bis zum Verschwinden des Berufs (Beispiel Schriftsetzer), gesundheitliche Gründe, Statusveränderungen und vieles mehr. Siehe Umschulung. Ein Viertel der Schulabgänger hat nach Abschluss ihrer Ausbildung den Eindruck, nicht den für sie richtigen Beruf gewählt zu haben. Besonders belastend zeigt sich Newplacement seit einigen Jahren für viele Hochschulabsolventen, die ein Studium abgeschlossen haben, mit dem sie auf dem Arbeitsmarkt keine ihren Erwartungen entsprechende Beschäftigung finden.

Outplacement

Das sind Massnahmen, die einen Arbeitnehmer als Folge eines Personalabbaus auf die bevorstehende Arbeitslosigkeit vorbereiten und die Suche nach einer neuen Position erleichtern sollen. Das Outplacement hat bei der Freisetzung von Mitarbeitern – es handelt sich oft um Führungskräfte – sowohl für den Unternehmer als auch für den betroffenen Mitarbeiter ein Reihe von Vorteilen: a) Vermeiden der inneren Kündigung b) Kostenreduktion c) Vermeiden arbeitsrechtlicher Probleme mit gemeinsamen Lösungen c) Verbesserung des Arbeitgeberimages auf dem Arbeitsmarkt d) positive Auswirkungen auf das gesamte Betriebsklima. Ein Arbeitgeber, der sich von einem Mitarbeiter trennen will, kann diesen beraten und den Entlassenen so wirkungsvoll unterstützen, eine weiterführende berufliche Aufgabe zu finden.

Personalbedarfsermittlung

Die Ermittlung bzw. Festlegung, wie viele Mitarbeiter welcher Qualifikation zu welcher Zeit an welchen Orten zur Verwirklichung des geplanten Leistungsprogramms erforderlich sind bzw. zur Verfügung stehen sollen. Wird der auf Dauer erforderliche Personalbedarf ermittelt/festgelegt, spricht man auch von Ermittlung bzw. Festlegung des Stellenbedarfs. Die Personalbedarfsermittlung erfolgt mittels eines Stellenplans. Grundlage sind die Soll- und Ist-Daten eines Stellenplanes und vorgesehene Personalveränderungen wie Kündigungen, altersbedingte Austritte, Projektplanungen, Konjunktur und Absatzmenge. Weitere Informationsgrundlagen für eine ganzheitliche Personalbedarfsermittlung sind zum Beispiel Stellenbeschreibungen, Tätigkeitsanalysen und Anforderungsprofile.

Personalbedarfsplanung

Die Personalbedarfsplanung ist der zentrale Bereich der Personalplanung. Ausgehend vom heutigen Personalbestand wird durch die Personalbedarfsplanung ermittelt, wie viele Mitarbeiter mit welchen Qualifikationen zu einem künftigen Zeitpunkt benötigt werden. Der zukünftige Bedarf ergibt sich dann aus der Differenz zwischen dem zu einem bestimmten Stichtag erwarteten Bruttopersonalbedarf und der Einschätzung des zukünftigen Personalbestandes. Der geplante

Personalbedarf hat Zielcharakter für die anderen Bereiche der Personalplanung. Es gibt zwei verschiedene Methoden der Personalbedarfsplanung: a) Qualitativ mit Hilfe von: Stellenbeschreibungen, Mitarbeiterbeurteilungen, Arbeitsplatzbeschreibungen und Anforderungsprofilen b) Quantitativ mit Hilfe von: Prognose, Schätzung, Kennzahlen und Studien.

Personalbestand

Die Erhebung des Personalbestandes dient einer genauen Personalplanung und sagt aus, wie viele Mitarbeiter nach Anzahl, Qualifikation, Beschäftigungsverhältnis, Arbeitszeitverhältnis dem Unternehmen im definierten Zeitraum zur Verfügung stehen. Dabei unterscheidet man in der Praxis normalerweise nach aktuellem und künftigem Personalbestand, z.B. Geschäftsjahresende oder -beginn. Auf Basis des aktuellen Personalbestandes ermittelt man den künftigen Personalbestand. Die für den jeweiligen Zeitraum geplanten und bekannten Personalveränderungen (Pensionierungen usw.) werden dabei dem Ausgangsbestand gegenübergestellt. Im Vergleich von Personalbestand und Personalbedarf kann man dann den jeweils aktuellen oder künftigen Netto-Personalbedarf berechnen bzw. planen.

Personalcontrolling

Mit Personalcontrolling werden innerbetriebliche Planungs- und Kontrollsysteme sowie Kontrollprozesse für das betriebliche Personalmanagement bezeichnet, mit deren Hilfe die Umsetzung von Zielen in Plandaten und konkrete Massnahmen erfolgt und (oft nur quantitativ) überwacht wird. Auch Vergleiche mit anderen Betrieben (Benchmarking der Personalarbeit) werden im Rahmen des Personalcontrollings umgesetzt.

Personaldiagnostik

Die Personaldiagnostik liefert nach aktuellem Verständnis Entscheidungshilfen und systematische, ganzheitliche Vorgehensweisen im Bereich Persönlichkeit und Kompetenzen. Sie kann zur Beurteilung von Bewerbungen, aber auch bei der Förderung oder Versetzung bestehender Mitarbeiter im Rahmen der Personalentwicklung wertvolle Dienste leisten.

Personalentwicklung

Massnahmen zur Erhaltung, Entwicklung und Verbesserung der Arbeitsleistung bzw. des Qualifikationsprofils von Mitarbeitern, um die Ansprüche des Unternehmens an die Qualität seiner Arbeitskräfte sicherzustellen. Personalentwicklung zielt darauf ab, das Leistungs- und Lernpotential der Mitarbeiter zu erkennen, zu erhalten und zu fördern. Für funktionierende Personalentwicklungskonzepte gibt es keine Standardlösungen und keine "Bedienungsanleitungen" – zu unterschiedlich sind die unternehmerischen Gegebenheiten und Anforderungen. PE umfasst über die Weiterbildung hinausgehende Qualifizierungsmassnahmen, zum Beispiel auch Job Enlargement oder Job Enrichment.

Personalinformationssystem

Personalinformationssysteme dienen der Erfassung, Speicherung und Verwaltung von Informationen über Mitarbeiter und Arbeitsplätze. Die Informationen werden für Planungszwecke sowie Entscheidungs- und Kontrollaufgaben ausgewertet. Dabei sind die Vorschriften des Datenschutzes zu berücksichtigen. Die Komponenten eines PIS sind zum Beispiel: Personaladministration, Stellenverwaltung, Rekrutierung, Personalentwicklung, Qualifikation und mehr.

Personalkostenplanung

Die Personalkosten haben je nach Branche und Wirtschaftszweig oft den höchsten oder einen sehr hohen Anteil an den Gesamtkosten eines Unternehmens. Eine kostenbewusste Unternehmensführung erfordert daher die Personalkostenentwicklung und deren Kostenfaktoren und Entwicklung systematisch und periodisch zu planen, zu analysieren, zu kontrollieren und zu steuern. Relevant sind daher:
a) Entwicklung der Personalkosten in einem bestimmten Zeitraum
b) Welche Strukturen der Personalkosten bestehen und in welchen Verhältnissen stehen sie zueinander und zu anderen Kostenarten?
c) Welche internen Faktoren (z.B. Hierarchieebenen, Organisation) und welche externen Faktoren (z.B. Arbeits- und Sozialgesetzgebung, Arbeitsmarktsituation) beeinflussen in welcher Form die Personalkosten? d) Mit welchen Massnahmen ist ein wirksames Personalkosten–Controlling möglich? Bewährt haben sich Personalkosten-Kennziffern in Relation zum Umsatz sowie in Relation zur Unternehmens-Wertschöpfung. Das Verhältnis Wertschöpfung zu Personalkosten ist für viele Unternehmen eine wichtige Kennziffer zur Beurteilung und Entwicklung der Personalplanungseffizienz.

Personal-Portfolio

Die Leistungen und Fähigkeiten eines Mitarbeiters können anhand eines Portfolios mit den zukünftigen zu erwartenden Leistungen verknüpft werden. Eine solche Verknüpfung kann für einzelne Mitarbeiter bzw. Mitarbeitergruppen in einem Personal-Portfolio abgebildet werden. Ziel dieser Darstellung ist es, Auskunft über die Qualität und Ausgewogenheit des Mitarbeiterstammes zu geben. Zudem kann es als Basis für Beschaffungs-, Anreiz- und Entwicklungsstrategien herangezogen werden.

Personalstatistik

Personalstatistiken sind ein wichtiges Führungs- und Steuerungsinstrument von Personalabteilungen. Grundsätzlich geht es dabei um die Erhebung, Aufbereitung und Darstellung von Mitarbeiterdaten (Entwicklungen, Vergleiche Zeiträume, Kennziffern, Prognosen) mit dem Ziel, der Geschäftsleitung personalrelevante Informationen und Entscheidungsgrundlagen zur Sicherstellung der Erreichung von Unternehmenszielen vermitteln zu können. Wichtig sind eine kontinuierliche, aktuelle Datenerfassung, die zweckmässige und lesefreundliche Darstellung, Konzentration auf praxisrelevante Kennziffern und der unterschiedliche Informationsbedarf verschiedener Stellen wie Linienvorgesetzte, Finanzleitung, Geschäftsleitung im Unternehmen.

Persönlichkeitstests

Am häufigsten werden psychologische Persönlichkeitstests bei Einstellungsentscheidungen und zur Auswahl von Auszubildenden und Trainees angewandt, um Informationen über Persönlichkeitsmerkmale erfassbar zu machen. Persönlichkeitstests und ähnliche Verfahren versuchen, ein möglichst objektives Bild über das Verhalten und die Persönlichkeit einer Person zu bekommen und unbewusste Verhaltensweisen oder Einstellungen zu erfassen. In den meisten Fällen geht es darum, bestimmte Eigenschaften und deren Ausprägungen zu messen, z.B. Leistungswille, Durchsetzungsvermögen, emotionale Stabilität, Gewissenhaftigkeit, Verträglichkeit, Aggression, Labilität. Mitunter soll aber auch ein "Gesamtbild der Persönlichkeit" gewonnen werden, um so über das engere Qualifikationsprofil hinaus tiefgreifende Eindrücke zur möglichst umfassenden Beurteilung von Bewerbern zu erhalten.

Planungszeitraum

Bei der klassischen Planungslehre (auch für die Personalplanung gültig in zeitlicher Hinsicht) werden drei Arten der Planung unterschieden: 1) Die kurzfristige Personalplanung, bei welcher nur der Zeitraum eines Jahres in die Planung einbezogen wird. Dies kommt bei Arbeitern und Angestellten mit ausführender Tätigkeit (Routineaufgaben) zum Tragen. 2) Die mittelfristige Personalplanung bezieht sich auf einen Zeitraum von ein bis drei Jahren. In diesen Rahmen fallen in der Regel auch alle grösseren personalrelevanten Aktionen, Projektdurchführungen und Massnahmen. Im Bereich mittleres und unteres Management sowie Spezialisten wird mittelfristig geplant. 3) Die langfristige Personalplanung geht über Jahre hinaus. In der betrieblichen Praxis findet selten eine Personalplanung statt, die wesentlich länger als fünf Jahre ist, zumal hierbei zu viele unbekannte Variablen ein grosse Rolle spielen können, Bei Führungskräften und im Top Management kann eine Personalplanung über einen langfristigen Zeitraum gehen.

Potenzial

Unter Potenzial versteht man das Leistungsvermögen eines Mitarbeiters oder einer Führungskraft, das sich in seiner Gesamtheit aus diversen Kenntnissen, Fertigkeiten und Wertorientierungen ergibt. Dabei sind "Schlüsselqualifikationen" diejenigen Elemente des Potentials, die es dem Mitarbeiter ermöglichen, sein eigenes Potential weiterzuentwickeln.

Potenzialbeurteilung

Erfassung und Bewertung des Potentials von Mitarbeitern oder Bewerbern, um die Eignung für die künftige Verwendung zu beurteilen. Eine umfassende Potenzialbeurteilung strebt an, Fach-, Methoden- , Sozial- und Persönlichkeitskompetenz einzubeziehen, also insbesondere nicht nur die Leistung in der Vergangenheit. Eingesetzte Instrumente sind u.a. das Assessment Center, strukturierte Interviews und mehr. Für die Aufbereitung der Ergebnisse bieten sich hier insbesondere Portfolios an.

Qualifikationsgespräch

Diese Unterredung findet meist im Rahmen eines Beurteilungs- oder Mitarbeitergespräches statt. Unterlagen und Punkte sind: a) aktuelles Tätigkeitsprofil b) Unternehmenszielsetzungen c) Ausfüllen des Beurteilungsbogens durch Vorgesetzten und Mitarbeiter d) Festlegung von Gesprächsrahmen und Gesprächsziele e) Bereitstellung von Unterlagen und Leistungsnachweisen, die im vergangenen Jahr als Fakten und Belege vorlagen.

Sabbatical

Eine besondere, aus den USA stammende Art von Ferien, die sich über einen längeren Zeitraum hinwegstrecken mit teilweisem, keinem oder vollem Lohnausgleich. Zu klären sind der Zweck (z.B. Weiterbildung), die Länge, die Wartezeit und die betriebliche Regelung, wer z.B. unter welchen Umständen Sabbaticals beziehen kann.

Schlüsselqualifikationen

Der Begriff Qualifikation schliesst alle Komponenten ein, welche die Eignung der Mitarbeiter für die Ausübung einer bestimmten Tätigkeit bezeichnen. Demgegenüber sind Schlüsselqualifikationen weitgehend zeit- und berufsunabhängige Fähigkeiten, die keinen unmittelbaren Bezug zu einer bestimmten Tätigkeit haben. Sie werden bereits bei der Personalauswahl durch ein Eignungsprofil des Bewerbers gefordert oder durch gezielte Trainingsmassnahmen im Aus- und Weiterbildungsbereich entwickelt. Schlüsselqualifikationen sind erforderlich, um Aufgaben überhaupt zu bewältigen und sich auf neue Situationen einstellen zu können.

Selbstbeurteilung

Die Selbstbeurteilung ist ein Instrument der Mitarbeiterbeurteilung, Leistungsbeurteilung und kooperativen Mitarbeiterführung. Mit der Selbstbeurteilung will man die Eigenverantwortung und Selbstmotivation der Mitarbeiter fördern und die Akzeptanz bzw. Objektivität verbessern und verfeinern. Normalerweise nehmen Vorgesetzte und Mitarbeiter getrennt voneinander eine Beurteilung nach dem jeweils gleichen Schema bzw. Beurteilungsformular vor. Dabei werden die Bewertungen in einem Beurteilungsgespräch detaillierter besprochen, um zu einer gemeinsam abgestützten und beidseitig getragenen abschliessenden Beurteilung des Mitarbeiters zu gelangen.

Situative Führung

Nach den situativen Ansätzen ist der jeweils erfolgsversprechende Führungsstil abhängig von der jeweiligen Situation massgebend und angebracht und nicht ein vom Modell her fix festgelegter Führungsstil. So kann eine Leistungsbeurteilung oder unterschiedliche Arbeitnehmerpersönlichkeiten einen anderen Führungsstil erfordern, als zum Beispiel das Führen in einer Projektgruppe.

Soft Skills

Soft skills sind Eigenschaften, die über die fachliche und berufliche Qualifikation hinaus gehen. Soft skills beinhalten emotionale und soziale Kompetenzen, die je nach Anforderungsprofil, der Person, des Berufes und der Position unterschiedlich stark zu gewichten sind.

Im Wesentlichen sind es 1) Selbstwahrnehmung: die Fähigkeit, die eigenen Emotionen wahrzunehmen, sich ihrer Wirkung bewusst zu sein und persönliche Stärken und Schwächen realistisch einzuschätzen 2) Einfühlungsvermögen: eine wichtige Voraussetzung für die Kontaktaufnahme und die Beziehungsgestaltung, die eine bessere

Verständigung ermöglichen (Empathie) 3) Selbstmanagement: Diese Fähigkeit ist die Grundlage für eine optimistische Grundhaltung, und dient der Selbstmotivation und Identifikation zu Beruf, Aufgabe und Unternehmen.

Sozialkompetenz

Nach langer Über- und Alleinbewertung der Rationalität und des Intelligenzquotienten hat die Sozialkompetenz an Bedeutung gewonnen. Von sozialer Kompetenz spricht man bei Menschen, die im kommunikativen, sozialen Bereich befähigt sind und sich vor allem durch Geschick im Beziehungsverhalten sowie im Bereich der Führungskompetenzen auszeichnen. Es sind also jene, die zum Beispiel über Selbstsicherheit verfügen und mit Souveränität ihre persönlichen Ziele bei sozialen Problemen oder Herausforderungen erreichen. In der Praxis sind Merkmale sozialer Kompetenz in den folgenden Fähigkeiten und Verhaltensweisen zu finden: a) Einsatzbereitschaft b) Kritikfähigkeit c) Rollendistanz d) Kooperationsfähigkeit e) Achtung Kompetenzen anderer f) Durchsetzungsfähigkeit g) Überzeugungskraft.

Stellenbeschreibung

Stellenbeschreibungen sind personenunabhängige, in schriftlicher Form verfasste Zusammenfassungen aller wesentlichen Merkmale einer Stelle. Sie enthalten neben Hinweisen auf die Einordnung der Stelle in die Organisations- und Gehaltsstruktur umfassende Angaben über die Stellenziele sowie die Aufgaben, Rechte und Pflichten der Stelleninhaber. Stellenbeschreibungen sind gleichermassen ein Hilfsmittel der Personalorganisation (Gestaltung der Aufbau- und Ablauforganisation; Festlegung von Funktionen und Verantwortungsbereichen) und ein Führungsinstrument (Informationsgrundlage bei der Personalbeschaffung, Orientierungshilfe bei der Einführung und Beurteilung, Ermittlung von Qualifikationslücken).

Stellenplan

Der Stellenplan ist ein Instrument der Personalplanung, welches auf vorliegenden Stellenbeschreibungen basiert und zur Bedarfsermittlung von Stellen (nach Zahl, Art und Qualifikation) herangezogen wird. Ein Stellenplan kann als Organigramm und in Tabellenform erstellt werden. Stellenpläne sind eine wichtige Voraussetzung für die Erarbeitung von Stellenbeschreibungen, die wiederum eingesetzt werden können, um vorhandene Stellenpläne zu korrigieren und zu verbessern.

Stressforschung

Die Stressforschung der vergangenen Jahre hat gezeigt, dass im Rahmen der Stressverarbeitung bestimmten Verhaltensweisen im Hinblick auf Erkrankungsrisiken eine besondere Bedeutung zukommt. Beim Stressgeschehen ist zu beachten: Stressoren sind Ereignisse bzw. Situationen, die Stressreaktionen auslösen. Solche Stressoren können zu verschiedensten psychischen wie auch körperlichen Stressreaktionen führen. Für die Stressbewältigung gibt es unterschiedliche Strategien, die die Intensität von Stressreaktionen reduzieren können.

Tätigkeitsanalyse

Systematische Untersuchung der Aufgaben und Tätigkeiten an einem Arbeitsplatz, um zum Beispiel die Zeitbeanspruchung und Verteilung von Tätigkeiten zu analysieren. Aufgrund solcher Tätigkeitsanalysen können in der Praxis Rationalisierungen, Schnittstellenprobleme, die Tauglichkeit von Arbeitshilfsmitteln, die Prioritätensetzung und Entscheidungen im Job Enrichment oder Job Enlargement getroffen werden.

Training-near-the-job

Dies ist eine Form der Aus- und Weiterbildung, welche räumlich und inhaltlich nahe am Arbeitsplatz und den Aufgaben und Tätigkeiten eines Mitarbeiters liegt. Anhand von konkreten Aufgabenstellungen wird so die Effizienz und Praxisnähe wesentlich gesteigert. Eingesetzte Methoden sind u.a. Qualitätszirkel, Lernstatt, Mentoring, Coaching, Projektgruppenarbeit, Mitarbeitergespräche und Ausbildungswerkstatt.

Training-off-the-job

Beim Training-off-the-job wird ein Training räumlich und didaktisch von den Aufgaben und Tätigkeiten der Stelle weg in Lehrgängen, Seminaren, Vorträgen, Workshops und Tagungen gelernt. Gegenstück zum Training-on-the-job.

Training-on-the-Job

Unter Training-on-the-Job (Learning by doing) versteht man das Lernen am Geschehen des Arbeitsplatzes mit praktischen Aufgabenstellungen und Lernmöglichkeiten. Dies ist eine sehr effektive Form der Einführung, sollte aber dennoch geplant und nicht nur mit einem "Nebenansitzen" vorgenommen werden. In der Praxis angewandte Trainingsmethoden sind Modell-Lernen, Job Enlargement, Job Enrichment, Job Rotation und Gruppenautonomie.

Überforderung

Eine Überforderung eines Mitarbeiters liegt dann vor, wenn eine Arbeit oder Aufgabe höhere Anforderungen an ihn stellt, als er auf Grund seiner Qualifikation und seiner Fähigkeiten bewältigen kann. Auswirkungen der Überforderung sind nicht zu unterschätzen und können Demotivation, Unsicherheit, Angst um den Arbeitsplatz, Frustration und ähnliches bewirken. Die gegenteilige Form ist die Unterforderung.

Unterforderung

Bei einer Unterforderung eines Mitarbeiters ist dieser für eine Aufgabe oder Stelle überqualifiziert, seine Fähigkeiten und Qualifikation entsprechen nicht den Aufgaben und Tätigkeiten. Dies kann zu Demotivation und Frustration führen. Massnahmen gegen Unterforderung sind Job Enrichment und Job Enlargement, eine interne Versetzung oder Beförderung.

Unternehmenskultur

Die Persönlichkeit und Qualitätsmerkmale eines Unternehmens und von Mitarbeitern gelebte und als wichtig empfundene Werte, Normen, Grundhaltungen und Umgangsstile. Kriterien können Eigenverantwortung, Transparenz und Kommunikation sein. Eine Unternehmenskultur ist oft in einem Leitbild festgehalten. Siehe Corporate Identity.

Unternehmenspolitik

Die Unternehmensführung (Einzelunternehmer, Geschäftsführung) legt die Unternehmenspolitik fest und bestimmt damit, in welcher Weise die Aufgaben erledigt und wie die angestrebten Ziele erreicht werden sollen. Im Rahmen der Unternehmenspolitik werden die Teilziele für die einzelnen Unternehmensbereiche, also auch für das Personalmanagement, und Zwischenziele zur Erreichung der Endziele bestimmt. Die Personalstrategie setzt konsequentes Ausrichten an den Zielen des Unternehmens voraus und ist damit Teil der Unternehmensstrategie.

Vergütungspolitik

Die betriebliche Vergütungspolitik ergibt sich aus der Summe der Zielsetzungen, die ein Unternehmen/Betrieb mit Umfang und Art der an die Mitarbeiter gezahlten Löhne und Gehälter verfolgt. Die Vergütungspolitik eines Unternehmens kann, je nach den wirtschaftlichen Rahmenbedingungen, Unternehmenstraditionen und –

kulturen sowie den personalpolitischen Zielsetzungen, sehr unterschiedliche Zwecke verfolgen.

Aus Gründen des Kostenmanagements kann eine Eingrenzung der Personalkosten über die Vergütungspolitik angestrebt werden. Umgekehrt können Vergütungsverbesserungen angesteuert werden, um Leistungsträger an das Unternehmen zu binden, neue interessante Mitarbeiter zu gewinnen sowie die Attraktivität auf dem Arbeitsmarkt generell zu steigern. Weiter kann die Vergütungspolitik mehr oder weniger leistungsorientiert sein; und zwar sowohl bezüglich der regelmässigen Bezüge als auch hinsichtlich von Einmalzahlungen.

Vertrauensarbeitszeit

Dies ist eines von zahlreichen möglichen Arbeitszeitmodellen. Im Rahmen einer Vertrauensarbeitszeitregelung verzichtet der Arbeitgeber auf die Kontrolle der Vertragsarbeitszeit und vertraut darauf, dass die Beschäftigten ihren vertraglichen Verpflichtungen auch ohne betriebliche Überprüfung nachkommen. Die Mitarbeiter entscheiden eigenverantwortlich, wann sie ihre Aufgaben erfüllen und erhalten volle Zeitsouveränität.

Vertrauensarbeitszeit kann auch als ein flexibles Arbeitssystem betrachtet werden, bei dem es für den Arbeitnehmer bezüglich Lage und Verteilung keine festgelegte Arbeitszeit gibt und man auf die technische Arbeitszeiterfassung verzichtet. Es wird eine stärkere Ergebnis- und Resultatorientierung auf Basis gegenseitigen Vertrauens angestrebt und nicht die Präsenzzeit als Massstab der Arbeitsleistung betrachtet.

Vorgesetztenbeurteilung

Eine Vorgesetztenbeurteilung ist als systematisches und verbindliches Personalentwicklungsinstrument zu betrachten. Ziel ist es, die Zusammenarbeit zwischen den Vorgesetzten und den Mitarbeitern zu verbessern und Informationen für künftige Personalentscheidungen zu gewinnen. Grundsätze des Systems:

*   Bewertung des Führungsverhaltens des Vorgesetzten
*   Die Vorgesetztenbeurteilung beschränkt sich auf die Beschreibung des Führungsverhaltens und der sozialen Kompetenz durch die Mitarbeiter
*   Einsatz klassischer Instrumente wie Fragebogen, Gespräch, Selbsteinschätzung, Zielvereinbarung und mehr können auch bei der Vorgesetztenbeurteilung angewandt werden.

Work-Life Balance

Darunter wird das Gleichgewicht von Beruf und Privatleben und das Bestreben von Mitarbeitern verstanden, die Anforderungen der Arbeitswelt und die Anforderungen ihres privaten Lebens miteinander in Einklang zu bringen. Ist dieses Gleichgewicht gestört, sind die Folgen verringerte Arbeitszufriedenheit, verminderte Produktivität, häufigere und gehäufte innere Kündigungen und Stellenwechsel.

Zielvereinbarung

Ein Aspekt der Erfolgskontrolle ist die Vereinbarung von Zielvorgaben für die einzelnen Mitarbeiter. Nur wenn Zielvorgaben eindeutig und klar definiert und mit einem zeitlichen Rahmen vorgegeben werden, ist eine objektive Erfolgskontrolle der Leistung möglich. Zielvereinbarungen sollten folgende Voraussetzungen erfüllen: a) eindeutige Zieldefinition b) Messfaktoren für die Zielerreichung c) Beeinflussbarkeit durch den jeweiligen Mitarbeiter d) herausfordernde, aber realistische Zielvorgaben e) Zielakzeptanz der Mitarbeiter. Die Ziele lassen sich zudem in die drei Zielarten a) fachliche, b) auf die Zusammenarbeit bezogene und c) individuelle Qualifizierungsziele einteilen.

Arbeitshilfen und Tools

Die folgenden Tools sollen Ihnen helfen, das vorliegende Buch noch besser zu nutzen und viele Aufgaben schnell und einfach in die Praxis umzusetzen. Gerne stellen wir Ihnen nachfolgend die Inhalte und Angebote im einzelnen und einige Nutzungshinweise vor.

Arbeitshilfen und Vorlagen aus dem Buch

Sämtliche Arbeitsblätter wie Entscheidungshilfen, Check- und Prüflisten, Übersichtstafeln und mehr finden Sie als ein Worddokument übersichtlich und zur interaktiven Nutzung und Anpassung aufbereitet.

Bezug der Dateien

Sie können sämtliche Arbeitshilfen bzw. Dateien unter der Webadresse www.praxium.ch/558570 downloaden. Bei Problemen schreiben Sie uns einfach eine E-Mail an mail@praxium.ch.

Textbausteine für HR-Controlling-Reports

Das gesamte Kapitel mit Textbausteinen für HR-Controlling-Reports zur Formulierung von wichtigen Aussagen und Kommentaren wie Kennzahlen-Vorstellung, Analyse und Interpretation und Massnahmen sind ebenfalls im obigen Worddokument enthalten.

Kennzahlen-Set

Ein umfangreiches Tool mit über 50 Kennziffern zu generellen Themen wie Leistung und Produktivität und Personalkosten. Beispiele von Kennziffern-Themen: Absenzenquote, Fluktuationsquote, Personalkosten pro Mitarbeiter und Leistungsstunde und mehr. Alle Quoten sind auch im Jahreszeitraum-Vergleich erfassbar und werden grösstenteils grafisch visualisiert. Ein automatischer Zusammenzug ermöglicht eine Übersicht aller Kenziffern auf einen Blick mit Soll-Ist-Abweichung und Kommentierungsmöglichkeit.

Controlling-Reporting-Vorlage

Diese Worddokumente dienen Ihnen als Vorlage oder Anregung, wie ein Controlling-Report strukturiert, gestaltet und aufgebaut sein kann. Es ist eine ausführliche und gelayoutete und eine einfacher strukturierte und gestaltete Vorlage verfügbar. Zahlen-Zusammenfassungen, Fazite, Massnahmen-Übersichten und vieles mehr machen diese Vorlage zu einer attraktiven und klar strukturierten Vorlage, die erfolgreiche Präsentationen und Reportings ermöglichen, die ankommen und verstanden werden.

Die Excel-Dateien zu einzelnen Kennzahlen

Zu vielen im Buch behandelten Kennzahlen gibt es auch einzelne Dateien als Ergänzung, oft mit Grafiken, weiteren Auswertungsmöglichkeiten, statistischen Zusatzangaben und mehr. Es sind dies:

Absenzenarten

Ein einfaches aber dafür problemlos anpassbares Tool zur systematischen Erfassung der Absenzenarten im Soll-Ist-Vergleich mit Grafik in Absenztagen nach Absenzarten wie Krankheit, Militärdienst, Auslandaufenthalt, Mutterschaft, Sonderbewilligungen und mehr.

Jahres-Ferienverteilung

Man erkennt hier sehr schnell und mit einer Grafik auf übersichtliche Weise Ferienspitzen über das Jahr inklusive Abteilungen. Auch dieses Tool lehnt sich an eine im Buch behandelte Kennzahl an und kann beispielsweise auch für andere Absenzarten wie Krankheit, Militärdienst, Weiterbildung usw. eingesetzt werden.

Entwicklung Fluktuationsquote

Einfaches Modell zur Kennzahl Fluktuationsquote im Jahresvergleich mit Grafik und Kommentarfeld. Das Tool ermöglicht das Analysieren von Fluktuationsquoten im Jahresvergleich mit Grafik und Kommentarfeld. Zu jedem Jahr kann zudem ein Kommentar hinzugefügt werden.

Vorstellungs- und Einstellungseffizienz

Dieses Analyseinstrument berechnet, wie viele Bewerbungen bzw. Vorstellungsgespräche aus Aktivitäten resultieren, wie hoch die Einstellungsquote aus Interviews und Bewerbungen ist und wie die Kostenanteile sich auf die Suchkanäle verteilen.

Kündigungs- und Austrittsgründe

Es ist die Erfassung von Austrittsgründen mit Grafik und Kommentarfeld möglich. Zusätzlich ist eine Unterscheidung nach Hierarchien und Zeitpensen möglich. Es wird eine Vielzahl von Gründen erfasst, die aber sehr einfach durch Überschreiben auf individuelle Bedürfnisse angepasst werden können.

Überstundenentwicklung

Die Entwicklung von Überstunden im Jahresvergleich kann mit diesem Tool sehr einfach und übersichtlich verfolgt werden. Es werden die Werte zu Anzahl Überstunden und Gesamtanwesenheitsstunden eingegeben, was die Überstundenentwicklung bzw. die Anteile an den Gesamtanwesenheitsstunden ergibt. Eine Grafik visualisiert die Überstunden-Entwicklung im Jahresvergleich.

Planung des Nettopersonalbedarfs

Tool zur Personalplanung analog der im Buch behandelten Kennziffer. Auch dieses Tool kann dank des einfachen Aufbaus bequem und schnell erweitert und den persönlichen Bedürfnissen angepasst werden.

Personalsuchkanäle

Erfolgskontrolle nach Suchkanälen mit Kosten, Anzeigentypen und Übersicht der Bewerbungseingänge. Ein Analysetool, welches weit übe die Kennzahlenberechnungen hinausgeht und aufschlussreiche Informationen errechnet.

Lohnkostenanteile nach Funktionen

Lohnkosten sind in den meisten Unternehmen der grösste Kostenblock. Lohnanteile können hier nach Funktionen und Abteilungen aufgeteilt erfasst und analysiert werden. Lohnanteile nach Funktionen sind nach Abteilungen aufgeteilt. Kommentare zu Funktionen insgesamt und eine Grafik kommen hinzu. Die Werte Anzahl MA, Durchschnittslohn/MA, Lohnsumme total und Lohnanteil in % ermöglichen differenzierte Analysen.

Einsatz Personalentwicklungsmethoden

Personalentwicklungsmethoden im Überblick und Kostenvergleich mit Grafik und Kommentarbox können hier aufgegliedert werden. Auch dieses Tool kann beliebig erweitert werden. Die Anwendung hilft, den Überblick zu bewahren, welche Methoden wie oft zu welchen Kosten und in welchen Anteilen eingesetzt werden. die Personalentwicklungsmethoden sind im Überblick und Kostenvergleich mit Grafik und Kommentarbox aufgelistet und veränderbar.

Lohnkostenentwicklung im Jahresvergleich

Diese Vorlage gestattet die Analyse der Entwicklung der Lohnkosten im Zeit- und Kostenartenvergleich. Auch dieses Tool kann dank des einfachen Aufbaus bequem und schnell erweitert und den persönlichen Bedürfnissen angepasst werden.

Beschäftigungsumfang im Jahresvergleich

Anteil der Vollzeit und Teilzeitstellen und deren Entwicklung im Zeitraumvergleich mit Grafik und Kommentarbox stehen hier ebenfalls im direkten Zusammenhang mit im Buch behandelten Kennzahlen.

Altersstrukturen im Betrieb

Dieses Tool ermöglicht den Vergleich der Alterskategorien. Auch dieses Tool kann dank des einfachen Aufbaus bequem und schnell erweitert und den persönlichen Bedürfnissen angepasst und für viele ähnlich gelagerte Zwecke und Aufgaben eingesetzt werden.

Dauer der Betriebszughörigkeit

Dieses Tool ermöglicht den Vergleich der Betriebszugehörigkeit nach Funktion/Hierarchie und Altersgruppe. Somit ist zu einzelnen Gruppen immer die Aussage möglich, wie sie sich zusammensetzen und wie diese im Vergleich zu anderen Funktionsgruppen ausfallen. Die Dauer der Zugehörigkeit in Jahresgruppen steht hier ebenfalls im direkten Zusammenhang mit im Buch behandelten Kennzahlen.

Personalkosten-Entwicklung nach Abteilungen

Diese Vorlage gestattet die Analyse die Personalkosten-Entwicklung nach Abteilungen mit Grafik und Kommentarbox kann auch hier für weitere Kostenanalysen verwendet werden.

Personalkosten-Intensität im Jahresvergleich

Die Personalkosten im Verhältnis zum Umsatz ergibt bei diesem Tool die Personalkostenintensität, eine ebenfalls im Buch besprochene Kennzahl. Die Struktur gliedert sich nach Jahr, Personalkosten und Umsatz und in der Horizontalen nach Jahren. Eine Grafik veranschaulicht die Entwicklung im Jahresvergleich und ein Kommentarfeld nähere Präzisierungen.

Produktivzeit von Mitarbeitern

Berechnung der effektiv produktiven Arbeitszeit nach Abzug von Ferien, Absenzen, Pausenzeiten und mehr. Auch dieses Tool kann dank des einfachen Aufbaus bequem und schnell erweitert und den persönlichen Bedürfnissen angepasst und für viele ähnlich gelagerte Zwecke und Aufgaben eingesetzt werden.

Ausbildungsstand Mitarbeiter

Grobkategorien von Mitarbeiterqualifikationen können im Mitarbeiter-Vergleich erfasst werden und gestatten so eine detaillierte und veränderbare Qualifikationsstruktur - mit Grafik und Kommentarbox. Die Auswertungen sind im Unternehmens, Branchen, Abteilungs- und Mitarbeitervergleich sinnvoll und anwendbar.

Informationsmittel und Häufigkeit

Wie häufig von wem welche Informationsmittel wie E-Mail, Aushang, Intranet, Mitarbeiterzeitschrift usw. genutzt werden. Dieses Tool steht ebenfalls im direkten Zusammenhang mit im Buch behandelten Kennzahlen.

Mitarbeiter Problemfelder Statistik

Auf welche Weise und wie oft werden welche Mitarbeiterprobleme wie Burnout, Unterforderung, Mobbing usw. erkannt. Auch dieses Tool kann dank des einfachen Aufbaus bequem und schnell erweitert und den persönlichen Bedürfnissen angepasst und für viele ähnlich gelagerte Zwecke und Aufgaben eingesetzt werden.

Entwicklung Personalbestände nach Abteilungen

Wie sich die Abteilungsgrössen nach Mitarbeiteranzahl im Zeitvergleich entwickelt ist die Kerninformation dieses Tools. Es kann somit eine Entscheidungsgrundlage für Kosten- und Bestandesanalysen sein und in Reorganisations- und Personalplanungssituationen wertvolle Dienste leisten.

Nutzung von HR-Dienstleistungen

Das Tool sagt, wie intensiv HR-Dienstleistungen wie Beratungen, Gesundheitsangebote, Kinderkrippen und ähnliches genutzt werden. Als Nutzer werden Abteilungen genannt. Dies können aber auch Mitarbeiter innerhalb von Abteilungen sein. Summenbildungen sowohl nach Nutzern wie auch nach Dienstleistungsarten zeigen die Nachfrage und Nutzungshäufigkeit.

Nachfolgend einige Beispiele von Exceldateien und ein Muster-Reportingbatt.

Fluktuationsquoten Entwicklung

Werte	2008	2009	2010	2011	2012	2013	2014	2015
Personalbestand	150	160	170	180	190	200	210	210
Kündigungen	8	9	10	7	12	13	10	15
Fluktuationsquote	5%	6%	6%	4%	6%	7%	5%	7%
	Kommentar	Kommentar	Kommentar	Kommentar	Kommentar	Kommentar	Kommentar	Kommentar

Kurzbegründungen zu den Quoten in
den einzelnen Jahren

Entwicklung der Fluktuationsquote im Jahresvergleich

Kommentar
Die Grafik kann unter "Diagrammfläche formatieren",
"Fülleffekte", unter Deaktivierung von "Fläche" mit
"keine" entfernt bzw. ersetzt werden.

Lohnkostenanteile nach Funktionen   2015

Lohngruppen	Anzahl MA	Durchschn'lohn/MA	Lohnsumme total	Lohnanteil in %	Kommentar
Geschäftsleitung	4	16'000	64'000	12%	
Ressortleiter	6	12'000	72'000	14%	
Abteilungsleiter	12	9'000	108'000	20%	
Kaufmännische Mitarbeiter	30	6'500	195'000	37%	
Mitarbeiter Produktion	10	5'500	55'000	10%	
Teilzeitkräfte	10	2'500	25'000	5%	
Freelancer	5	2'000	10'000	2%	
Total und Durchschnitt	77	7'643	529'000	100%	

Kommentar
Sie können diese Analysen auch für andere Zwecke wie
Arbeitspensenanalysen, andere Lohnkategorien, Gruppen
von Betriebsdauer-Zugehörigkeit usw. einsetzen.

Lohnsummenanteile nach Lohngruppen

FLUKTUATIONSQUOTE

Stellenwert der Kennzahl für unser Unternehmen

Die Fluktuation wird durch eine Kennzahl, die Fluktuationsrate, statistisch erfasst. Die Fluktuationsrate drückt aus, wie viele Mitarbeitende im Verhältnis zum Personalbestand innerhalb einer Zeitperiode unser Unternehmen verliessen. Diese Kennzahl ist für unser Unternehmen von besonderer Bedeutung, da sie ein Alarmsignal ist für eine unverhältnismässige Zunahme der Personalfluktuation. Gerade bei Schlüsselpositionen und Know-how-Trägern in unserem Unternehmen haben wir hier klare Eingreifwerte definiert, die uns schnelles und proaktives Handeln gestatten.

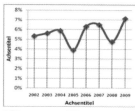

Vorjahr:	4.5%
Ist:	3.0%
Soll:	3.0%
Abweichung:	-0%

Berechnung der Formel:
Abgänge im Zeitraum x 100 / durchschnittlicher Personalbestand im Jahreszeitraum

Datenmaterial:
HR-Datenbank, Personaladministration, Austrittsgespräche

Bedeutung:
Gross, da Indikator für Arbeitszufriedenheit.

Aktueller Stand

Die Kennzahl ist trotz nach wie vor schwieriger Umstände und Rahmenbedingungen von einem Wert von 4.50 deutlich auf 3.0 gesunken. Besonders die Massnahmen X und A haben sich sehr positiv ausgewirkt. Auch der Bezug zu den verwandten Kennzahlen O und N entwickelt sich im gleichen Verhältnis, so dass die Analyse und Interpretation als gesichert und zusätzlich betrachtet werden darf.

Analyse

Dieser Kennzahlenwert zeigt deutlich, dass die Massnahmen Wirkung zeigten. Dazu gehören insbesondere die Massnahmen in den Bereichen Personalentwicklung und der Ausbau der Personaldienstleistungen im Bereich Worklife-Balance.

Interpretation

Die Kennzahl ist nun seit vier Jahr erstmals rückläufig. Dies ist um so erfreulicher, als die Rahmenbedingungen sich nicht wesentlich verbessert haben und die externen Kosten für diese Dienstleistungen nach wie vor steigen. Aber das Massnahmenbündel, die Reorganisation, die strenge Erfolgskontrolle und die präzisen Steuerungsinstrumente haben dennoch diese klare Trendwende ermöglicht.

Massnahmen

Vorläufig werden hier die Massnahmen weitergeführt, die bis anhin erfolgreich waren. Es findet zudem eine halbjährliche Überwachung statt.

Altersstruktur in unserem Unternehmen

Altersgruppe	Männer	Frauen		Kommentar
16-20	4	2		**Kommentar**
21-25	8	4		
26-30	13	7		Zur Analyse von demographischen Merkmalen kann
31-35	8	6		man zwei Alterspyramiden gegenübergestellen, um
36-40	12	10		einen aussagekräftigen Vergleich zu erhalten.
41-45	11	9		
46-50	16	8		Setzen Sie bei Zahlen in der Spalte *Frauen* aus
51-55	12	2		Gründen der korrekten Pyramiden-Grafik-
59-63	8	1		Darstellung jeweils ein Minuszeichen vor die Zahl.
64-68	2	1		

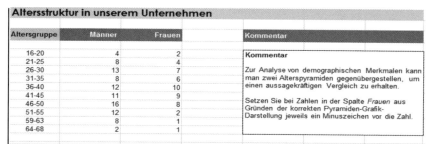

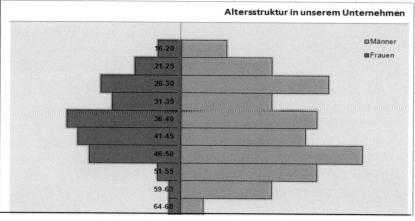

Hinweise und Nutzungstipps zu den Exceldateien

Mehrere Verwendungszwecke

Bedenken Sie, dass man zahlreiche Darstellungsformen für unterschiedlichste Zwecke einsetzen und dann ein zweites Mal abspeichern kann. Beispiele: Eine Checkliste auch für Mitarbeiteraustritte, eine Analysedatei für Absenzen oder eine Mitarbeiterbefragung mit anderen Texten auch für eine Kaderbefragung.

Hilfs-Informationen

Die Tools sind grösstenteils selbsterklärend, anstelle trockener Instruktionstexte werden Praxisbeispiele und Mustereinträge verwendet. Wo notwendig oder hilfreich, sind Hinweise vereinzelt in den Kommentarkästchen zu finden.

Aufbau und Struktur

Die Excel-Tools sind bewusst einfach strukturiert und aufgebaut. Wir meinen, dass nicht zu komplizierte, überladene und funktionsüberfrachtete Tools in der Handhabung wesentlich einfacher sind, schneller verstanden werden könne, weniger Excelkenntnisse benötigen, flexibler sind und in 10-15 Minuten ausgefüllt, einsetzbar und verwendbar sind.

Formeln und Blattschutz

Um Ihnen das Arbeiten und Anpassen zu erleichtern, haben die Tools weder einen Formel- noch einen Blattschutz. Achten Sie darauf, Formeln nicht zu überschreiben. Sollte eine solche Überschreibung trotzdem passieren, kann dies mit den Tasten Ctrl.+ Z (oder Bearbeiten-Rückgängig) rückgängig gemacht oder die Ursprungsversion der Datei wieder neu aufgerufen werden.

Anpassungen und Modifikationen

Die Tools sind bewusst so aufgebaut, dass Formeln, Texte, Darstellungen, Grafiken und Aufbau relativ einfach angepasst und verändert werden können.

Tabellenblätter in Exceldateien

Einige Exceldateien (Kennziffern, Mitarbeiterbefragung) haben in den Dateien mehrere Arbeitsblätter. Sie erkennen dies an den Reitern mit Namen am unteren Rand der Excelblätter, welche Sie durch Anklicken aufrufen können.

Sortierung der Dateiauflistungen

Durch Doppelklicken auf die obere Leiste des Explorers mit den Spalten Namen und Typ können die Tools bzw. Dateien alphabetisch nach Dateinamen oder Programm (Excel, Worddateien, Powerpoint) sortiert werden.

Kopieren von Tabellenblätter

Einzelne Tabellenblätter können innerhalb einer Datei mehrmals einfach kopiert werden: Maus unten auf Reiter klicken, rechte Maustaste drücken, "Verschieben, kopieren" anklicken und Platzierung wählen.

Diagramm-Anpassungen

Diagramme können in der Darstellung, in der Farb- und Formatierungswahl und im Diagrammtyp (zum Beispiel Balken-, Kreis- oder Säulendiagramme) ebenfalls auf Ihre Wünsche und Ihre gestalterischen Vorstellungen abgeändert werden.

Beachten Sie auch das Kapitel „Excel-Tipps für Kennzahlen-Sheets" dessen Tipps Ihnen die Handhabung und Modifikationen dieser Excelvorlagen zusätzlich erleichtern.

Stichwortverzeichnis

G

Gefahren 41

H

HR Cockpit 50
HR-Kosten pro Mitarbeiter 119
Humanvermögensrechnung 195

I

Information 21
Innere Kündigung 196
Interpretation, Textbausteine 170
Interpretationen 36, 60

J

Jahresferienverteilung 106

K

Kennzahlen, Entscheidungshilfe... 160
Kennzahlen, in Kürze 140
Kennzahlen, Zweck 31
Kennzahlen-Arten 33
Kennzahlenblatt, Positionen 64
Kennzahlen-Cockpit, Definition.... 197
Kennzahlendefinitionen, Textbausteine
.... 168
Kennzahleneinführung................ 34
Kennzahleneinführung, Fallbeispiel 51
Kennzahlenmodell, Beispiel.......... 53
Kennzahlen-Reporting 59
Kennzahlensystem...................... 50
Key Performance Indicator.......... 198
Konsistenz 35
Kosten pro Bewerber und Kanal 76
Kosten pro Stellenbesetzung 123
Kostenarten Personalentwicklung 134
Kostenkontrolle 134
Kostenvergleich 134

Krankenquote 116
Kriterien Aufnahme Kennzahlen ... 58,
136
Kündigungsgründe............... 86, 198
Kündigungsquote 111

L

Lohn und Personalkosten.............148
Lohnformenstruktur...................149
Lohnniveau 94

M

Massnahmen, Textbausteine........171
Medien, Nutzungsgrad 80
Mengenproduktivität 137
Mitarbeiterbeurteilung 201
Mitarbeiterbindungs-Instrumente .. 72
Mitarbeitersegmente 156
Mitarbeitersegmente, KZ-
Möglichkeiten 136
Mitarbeiterzufriedenheits-Index....155
Mobbingfälle pro Jahr.................150
Monitoring, Social Media.............158
Motivationspsychologie...............203
Musterblatt 54

N

Netto-Personalbedarfsermittlung ... 92

O

Outplacement 204

P

Personalaufwand pro Mitarbeiter ..108
Personalaufwandsquote.............. 90
Personalbedarfsplanung 204
Personalbeschaffung 26, 142

Benützte und weiterführende Literatur

Autor	Titel	Verlag
H. J. Probst	Kennzahlen leicht gemacht	Redline
Claudia Ossola	Handbuch Kennzahlen	Redline
A. Wiesner	Kennzahlen im Personalcontrolling	Vdm Verlag
Urs Klingler	100 Personalkennzahlen	Cometis
Kurt Schaffner	Checkliste Personalcontrolling	I.O. Business
Julia Brandl	Personalwirtschaftliche Kennzahlen	Univ. Wien
Marco De Micheli	Nachhaltige Mitarbeitermotivation	PRAXIUM
Martin Tschumi	Ratgeber Personalentwicklung	PRAXIUM
Wolfgang Jetter	Effiziente Personalauswahl	Schäffer
Martin Tschumi	Handbuch Personalmanagement	PRAXIUM
Christof Schulte	Personalcontrolling mit Kennzahlen	Vahlen-Verlag
Martin Tschumi	Mustervorlagen für die Personalpraxis	Praxium
Tobias Wütscher	Effektives Personalcontrolling	Vdm-Verlag
Rolf Wunderer	Unternehmerisches Personalcontrolling	Luchterhand
Arthur Schneider	HRM Office Tools zum Personalwesen	Praxium
Gunnar Kunz	Balanced Scorecard	Campus
Hermann/Pifko	Personalmanagement	Compendio
Andrzejewski	Trennungskultur	Luchterhand
Wunderer/Dick	Personalmanagement Quo vadis	Luchterhand
Gutmann	Arbeitszeitmodelle	Schäffer Pöschel
CZ-St. Gallen	Controller Leitfaden	WEKA
Roland Meyer	Praxishandbuch Online-Personalarbeit	PRAXIUM

Das PRAXIUM-Verlagsprogramm

Mehr Informationen und das aktuelle Programm mit Zusatzinformationen und ausführlichen Inhaltsangaben finden Sie
im Internet auf unserer Verlags-Website unter:

www.praxium.ch

Portrait und Leistungen des PRAXIUM-Verlags

PRAXIUM ist ein auf das Human Resource Management und Leadership spezialisierter Fachverlag.

Aus der Praxis für die Praxis

Der PRAXIUM-Verlag achtet konsequent auf die Umsetzbarkeit, den Praxisbezug und die Verständlichkeit der Fachinformationen seiner Werke. Der moderne Leser will sich heutzutage schnell und bequem informieren: Deshalb nimmt die Relevanz und die Kompaktheit der Informationen einen hohen Stellenwert ein.

Qualität und Aktualität

Von der Sortimentsplanung über die Autorenwahl bis zur Lektorierung fokussieren wir konsequent die Qualität und Verlässlichkeit der Informationen. Auch die Aktualität ist uns wichtig – PRAXIUM-Werke werden daher oft in kleinen Auflagen produziert und je nach Thema im Jahresrhythmus aufgelegt und erweitert.

Immer mit Arbeitshilfen und Vorlagen

Die Palette von Arbeitshilfen und Vorlagen macht einen überdurchschnittlich hohen Anteil der Bücher aus. Es sind dies oft:

- Tabellarische Kurzübersichten
- Fallbeispiele und Entscheidungshilfen
- Bewertungen und Erfolgskontrollen
- Checklisten und Mustertexte
- Formulare und Fallbeispiele
- Analysehilfen und Musterkonzepte
- Schritt-für-Schritt-Anleitungen
- Planungshilfen und Handlungsanleitungen

CD-ROM – mit allen Buch-Vorlagen und Analysetools

Bis auf wenige Ausnahmen enthalten alle Werke aus dem PRAXIUM-Verlag CD-ROM oder Tools zum Download. Darauf befinden sich immer alle Vorlagen und Arbeitshilfen aus dem Buch. Diese können dadurch einfach übernommen, verteilt, individuell angepasst oder nach betrieblichen Bedürfnissen erweitert werden. Oft kommen auch Excel-Tools mit Planungs-, Analyse-, Berechnungs- und Administrationshilfen dazu. Dies ist ein hoher Mehr- und Nutzwert der PRAXIUM-Werke.

Ihr Feedback freut uns

Haben wir mit dem vorliegenden Buch eingehalten, was wir hier zusichern? Ihr Feedback, Ihre Kritik, Ihre Meinung und Ihre Anregungen sind uns wichtig. Sie erreichen uns via mail@praxium.ch oder unter www.praxium.ch. Hier finden Sie auch stets das aktuelle Verlagsprogramm. Für den Kauf des vorliegenden Buches möchten wir Ihnen bei dieser Gelegenheit bestens danken.

Das PRAXIUM-Verlagsprogramm

Nachfolgend finden Sie einige Titel und Themen aus dem Sortiment des PRAXIUM-Verlags. Mehr Informationen und das jeweils aktuelle Programm mit Zusatzinformationen und ausführlichen Inhaltsangaben finden Sie im Internet auf unserer Verlags-Website unter **www.praxium.ch**

- Arbeitshandbuch für die Zeugniserstellung
- Bewerber - Mustergespräche für erfolgreiche Interviews
- Die 600 wichtigsten Fragen und Antworten zum Personalmanagement
- Emotionale Intelligenz im Führungsalltag
- Erfolgreich in der ersten Chefposition
- Erfolgreiche Personalgewinnung und Personalauswahl
- Erfolgreiches Coaching für das Personalwesen
- Fachlexikon für das Human Resource Management
- Formulare und Mustervorlagen für die erfolgreiche Personalpraxis
- Kennzahlen-Handbuch für das Personalwesen
- Leitfaden erfolgreiche Mitarbeitergespräche und Mitarbeiterbeurteilungen
- Praxishandbuch Mitarbeiterbefragungen
- Mit wirksamen Zielvereinbarungen zu nachhaltigen Erfolgen
- Mitarbeitergespräche erfolgreich, sicher und souverän führen
- Musterbriefe und Musterreglemente für das Personalwesen
- Mustergespräche für Mitarbeiterbeurteilung und Zielvereinbarungen
- Praxisratgeber zur Personalentwicklung
- Ratgeber zum Schweizer Arbeitsrecht
- Sozialversicherungs-Ratgeber für die betriebliche Praxis
- Stellenbeschreibungen für die Personalpraxis
- Systematische Mitarbeiterbeurteilungen und Zielvereinbarungen
- Trennungsmanagement - fair, verantwortungsbewusst und konstruktiv
- Handbuch für ein wirksames Gehaltsmanagement
- Work-Life-Balance: Soziales Modell oder ökonomische Chance?
- Praxishandbuch flexible Arbeitszeitmodelle
- Kommunikation im Human Resource Management
- Musterkonzepte und Fallbeispiele zum Human Resource Management
- Praxishandbuch zur Online-Personalarbeit
- Die besten Mitarbeiter erfolgreich gewinnen, entwickeln und halten

Mit den besten Interviewfragen die besten Mitarbeiter gewinnen

Ein Kompass für professionelle Interviews und sicherere Einstellungsentscheidungen – inkl. CD-ROM mit allen Interviewfragen zur individuellen Selektion, und zum Einsatz in Ihren Interviews und mit allen Formularen.

Zahlreiche Themenfelder

Alle Fragen werden kommentiert und bieten konkrete Interpretationshilfen. Beispiele der Themen: Verhältnis zum vorherigen Arbeitgeber, Lohnerwartungen, Motivation, Selbstbewusstsein, Belastbarkeit, Leistungsvermögen und mehr.

Beispiele der Formulare und Arbeitsblätter: Dossier-Beurteilung als Interview-Grundlage, Beurteilungsformular zu Persönlichkeitsfaktoren, Grobvergleich von Kandidaten, Muster zur Begründung einer Einstellungsentscheidung, Formular zur systematischen Auswertung eines Vorstellungsgespräches und mehr.

Autor: Arthur Schneider, ISBN: 978-3-9522712-7-8, 210 Seiten, gebunden, Preis CHF 59.- / € 39.- Zu beziehen bei Ihrem Buchhändler oder online bei www.hrmbooks.ch

---

Mit den besten Stellenanzeigen die besten Mitarbeiter gewinnen

In diesem Buch erfahren Sie, wie eine Stellenanzeige strukturiert ist, welche Funktionen sie erfüllt, welches die wichtigsten Informationen sind und wie man die richtigen Bewerbergruppen anspricht. Mit den fertig formulierten Textbausteinen können Sie ein Stelleninserat stil- und sprachsicher verfassen.

Alle Arbeitshilfen auch auf CD-ROM – inkl. Excel-Tools

Diverse Exceltools zur Planung, Analyse und Verwaltung von Anzeigen helfen Zeit sparen und Fehler vermeiden: Einige Beispiele: Mediaplan für Personalsuche, Berechnung von Stellenanzeigenkosten, Budgetierung von Rekrutierungskosten und ein Formular zur Aufgabe von Stellenanzeigen. Alle Formulare, Arbeitshilfen und Textbausteine des Buches sind ebenfalls auf der CD-ROM enthalten.

Autor: Thomas Widmer, ISBN 978-3-9522958-5-4, 236 Seiten, gebunden, Preis: CHF 48.- / € 32.- Zu beziehen bei Ihrem Buchhändler oder online bei www.hrmbooks.ch